2018年 国外教育法治动态

WORLD EDUCATIONAL NOMOCRACY (2018)

王云龙　主编

前　言

《2018年国外教育法治动态》是教育部教育立法研究基地——东北师范大学国际教育法治研究中心编辑的《国外教育法治动态》（月报）2018年全年结集本。在教育部政策法规司的指导下和东北师范大学的支持下，围绕国家教育立法和教育公共政策的重大问题，《国外教育法治动态》主要刊发以下内容：

一、为我国学前教育立法提供参考，刊发《美国学前教育立法与公共政策新趋势》（2018年第2期）、《英国学前教育治理机制》（2018年第3期）、《世界主要国家天才儿童教育举措》（2018年第6期）、《标准化与优质化并重——英国学前教育课程治理经验与启示》（2018年第10期）、《"保底不封顶"的新加坡学前教育机制》（2018年第11期）；

二、针对教育领域热点问题，及时提供决策参考，刊发《世界一流大学校园性骚扰治理模式》（2018年第1期）、《日本：依法实施教育惩戒　禁止体罚》（2018年第9期）；

三、为修订、完善《学位条例》提供镜鉴，刊发《转轨

的踌躇——俄罗斯学位制度改革述要》(2018年第7期);

四、为家庭教育立法提供预研资料,刊发《以公共性引领发展——世界主要国家家庭教育法律政策》(2018年第4期);

五、为完善义务教师选任机制提供借鉴,刊发《日本公立义务教育教师轮岗制度化机制》(2018年第8期);

六、为民族教育法治化建设提供参考,刊发《加拿大民族教育法律与公共政策》(2018年第12期)。

《2018年国外教育法治动态》是我主持的教育部教育法治重大课题委托研究项目"世界主要国家教育法治研究"(项目号:JYBZSF2015005号)的成果之一。《国外教育法治动态》和东北师范大学国际教育法治研究中心的其他工作,得到教育部政策法规司王大泉副司长、政策法规同法制办公室韩燕凤和翟刚学副主任、东北师范大学党委书记杨晓慧及校长刘益春、副校长韩东育、副校长王占仁等领导的悉心指导和大力支持,在此深表感谢!

王云龙
2019年1月29日

目 录

第 1 期　世界一流大学校园性骚扰治理模式 …………… 001
第 2 期　美国学前教育立法与公共政策新趋势 ………… 014
第 3 期　英国学前教育治理机制 ………………………… 024
第 4 期　以公共性引领发展
　　　　　——世界主要国家家庭教育法律政策 ………… 036
第 5 期　俄罗斯建设教育强国"4.0 时代" ……………… 050
第 6 期　世界主要国家天才儿童教育举措 ……………… 060
第 7 期　转轨的踌躇
　　　　　——俄罗斯学位制度改革述要 ………………… 073
第 8 期　日本公立义务教育教师轮岗制度化机制 ……… 083
第 9 期　日本：依法实施教育惩戒　禁止体罚 ………… 092
第 10 期　标准化与优质化并重
　　　　　——英国学前教育课程治理经验与启示 …… 102
第 11 期　"保底不封顶"的新加坡学前教育机制 ……… 114
第 12 期　加拿大民族教育法律与公共政策 …………… 135

第1期
世界一流大学校园性骚扰治理模式

高　露　编译

内容提要

校园性骚扰是破坏我国高等教育生态的公害，损害教师队伍整体形象和职业声誉。科学借鉴世界一流大学校园性骚扰治理经验，特别是教师性骚扰治理经验，具有现实意义。为了杜绝教师性骚扰行为，世界一流大学不断强化性骚扰行为治理体制机制，凸显治理精细化、专业化的特质。秉承"打破沉默——防止性骚扰、不端性行为"的治理理念；坚持多措并举，标本兼治，综合施治，划定师生关系伦理红线，以期杜绝教师失德、失范行为；设立专门机构，有针对性地聘用专业人士，承担校园性骚扰防治工作，积极同校外有关部门合作，提升校园性骚扰治理实效。以学校为主体，严惩师德败坏者，绝不纵容姑息，维护学生人格尊严与身心安全，构筑清朗健康的校园文化环境。

一　划定师生关系的伦理红线

世界一流大学以大学章程、入职协议、职业伦理规制师生关系，划定师生关系界限，避免师生关系越界，有效保护学生免遭身心伤害，维护高校纯洁的师生关系。

基于教师与学生间权力不对等，2015年2月，哈佛大学修订《性骚扰政策》，重新界定师生关系，全面禁止师生恋。《性骚扰政策》明令禁止师生发生不正当关系，禁止本科生与本校教师恋爱，禁止研究生、博士生与其导师发生不正当关系，禁止大一辅导教师同学生恋爱，或发生不端性行为，教师应专注于学生学业进步。哈佛大学从根本上杜绝以恋爱为由，教职人员性骚扰学生。根据哈佛大学性侵害调查报告，师生间非合意性接触高达31%。为避免师生不端行为破坏教育教学生态平衡，波士顿大学校规规定，禁止教师与其指导研究生恋爱、发生不端性行为；禁止教职员工、研究生、博士后与其指导或辅导的学生恋爱、发生性行为；禁止教职员工与其他学生恋爱、发生性行为。塔夫斯大学校规规定，不端性行为损害学生人格尊严，更是一种严重不尊重他人、教师职业道德缺失的表现。塔夫斯大学章程规定，禁止教师与其授课、指导学生恋爱、发生性关系，违反学校政策规定者，根据情节轻重，采取不同惩罚措施；师生之间合意恋爱，师生将受到不同程度的惩戒。基于无法避免这种情愫，塔夫斯大学制定具体违规行为标准：违反基本礼仪和素养（喝叫、争吵、人身攻击、乱发脾气、触摸他人身体）；除教师教诲、临床试验外，要求学生做不正当服务；禁止教师与学生合意恋爱（教师有权支配学生学术成就）；基于年龄、性别、性取向、族裔、信仰、性别认同，教师对学生实施性骚扰；师生间不必要的身体接触。为了构建安全的校园环境，2014年1月13日，美国西北大学出台《教职工与学生关系条例》，规定禁止师生恋爱，或发生不正当性行为，违反上述规定者，按违纪处分。2017年8月，美国西北大学颁布《不端性行为政策》(*Policy on Sexual Misconduct*)。其主要规定：为打造安全校园环境，禁止任何形式的不正当行为，包括性侵犯、性剥削、缠绕行为、约会、家庭暴力、性骚扰，适用于全体成员；制定教职人员性骚扰行为标准：强迫他人与其约会、建立恋爱关系；不道德的异性关系；猥亵性的抚摸、亲吻、拥抱、按摩；强迫发生性行为；不必要的身体接触；性暗示、性玩笑；猥亵手势；蓄意让学生观看性涂鸦、性图片；露骨猥亵；发送性骚扰邮件、短信。这些行为违反社会价值、学校原则，扰乱全体成员正常活动。全体成员一旦发现不端性行为，立即报告学校，学校秉承高效、公正、合法的原则，处理涉事教职员工，具体惩罚方式为：降职、减薪、无薪酬停职、带薪停职、撤销学位、解聘。从师生之间权利不平等角度，加州大学不承认师生间亲密关系的正当性，禁止师生之间合意恋爱。2010年，加州大学修订了《教师行为准则》。该准则第2部分第6条规定，教师负责学生学业，教师不得以学生权益相要挟，威逼利诱学生为其提供性服务，禁止教师强迫学生做不正当事情。第7条明列禁止教师的不正当行为，包括禁止师生之间不必要的身体接触，禁止师生之间合意恋爱、发生合意性关系，禁止教师与学生恋爱、发生性关系。2015年，哥伦比亚大学出台了《关于不端性行为的政策规定》（以下简称《规定》）。《规定》指出，性骚扰行为是指性挑逗、语言污秽、不受欢迎的身体接触。其特征主要包括：以学术、课程、活动为交换条件，发生不正当性行为；以学业相要挟，威逼利诱学生提供性服务；为满足性欲望，强行性侵犯学生；性骚扰伤害他人身心健康；性骚扰影响他人，危害校园文化环境。上述行为，具体惩罚方式为：书面警告、取消职权、强制参加性骚扰培训、列入考察期、停职、降级、开除学籍、解聘等。华盛顿大学章程规定，禁止师生恋爱，或产生不正当关系，师生产生恋情时，立即终止教师特殊待遇，院长可强行制裁双方。教师惩戒措施：口头警告、解雇、开除。知情者不报且做伪证，将受到相应处罚。印第安纳大学《大学教师手册》规定，在教育教学语境下的师生关系，学生选修教师课程，教师评价学生表现，禁止教师与学生恋爱，或发生性关系。在教育教学语境外的师生关系，教师与学生恋爱，或发生性关系，教师应避免参与学生奖罚决定，尤其教师与学生属于同一学院，或双方学院有学术联系。俄亥俄州立大学校规规定，教职员工不得与学生发生性关系，学生是指未同教师结婚的在校生。耶鲁大学章程规定，由于本科生年龄不大，更易受伤害，应予特别保护，禁止教师与学生发生性关系。密歇根大学章程规定，禁止已婚教职员工与学生恋爱，或发生不端性行为，并避免师生合意性关系。该校《性骚扰政策及标准执行指南》指出，合意性关系具有潜在剥削性，应当尽量予以避免。达特茅斯学院校规规定，禁止任何形式的性骚扰，严厉惩戒加害者；师生间发生不正当关系，严厉惩戒教师，解除其聘用，取消教师资格、职称，信息公布于众，永不回聘。

2017年7月26日，剑桥大学修改《剑桥大学章程》第17条，该条例适用于剑桥大学全体成员，以维持良好秩序和纪律。第17条第5款规定，在大学校园内，任何成员不得损害他人身心健康、财产安全。第17条第6款规定，禁止任何人参与性骚扰行为。在校园范围内，禁止发生任何形式的性骚扰行为。初次性骚扰、多次性骚扰，视为非合意性骚扰，非合意性骚扰侵犯学生尊严，羞辱学生人格，危害学生身心健康。第26条规定，学校迅速处理师生性骚扰案件，理事会负责师生性骚扰案件。2017年3月，英国《卫报》发布全英高校性骚扰排行榜，牛津大学高居榜首（2016年，学校收到11起投诉，各学院收到10起投诉。）。2017年4月21日，牛津大学人事委员会修订《性骚扰政策与程序》。该政策规定，禁止全体成员间发生性骚扰，或发生不正当性关系，学校禁止任何形式的性骚扰，期望全体成员相互尊重，维护他人尊严，打造包容性的校园文化氛围。德国师生间有道"时空墙"，德国柏林工业大学校规规定，在学生同意的条件下，师生可单独相处，仅限于学业交流。

二 设立治理校园性骚扰的专门机构

世界一流大学设立专门机构，聘请专业人士，组建专业团队，治理校园性骚扰。同时，广泛利用新媒体技术，定期开展性骚扰预防教育，宣传内容因势、因时而变，提升预防校园性骚扰的实效性。畅通学生性骚扰救助渠道，帮助性骚扰受害学生，全程参与处理师生性骚扰纠纷，保障处理过程、处理结果公正合法，以利校方妥善处理师生性骚扰纠纷事件。

剑桥大学设立剑桥性侵害危机处理中心，设置服务热线，按照性侵害危机处理法定流程，帮助性骚扰受害者。服务热线每周四次，周三19：00－21：30、周四19：00－21：30、周六15：00－17：30、周日10：00－24：30。为提高服务效率，除电话求助外，设置专门邮箱，在3～7天内回复。性侵害危机处理中心设有暴力案件专门顾问（Independent Sexual

Violence Advocate，ISVA)，为受害者提供准确信息与有效帮助；帮其了解刑事司法程序；应受害者需求，及时联络警察；开展心理辅导；帮助其获得相关救助，如住房、福利金；联系专业机构，为受害者提供其他专业服务，如咨询、性健康、心理健康、药物滥用、住房；帮助受害者申请刑事伤害赔偿。为了更好地服务于受害学生，2017年9月，剑桥大学招聘全职性侵害顾问，专门服务性侵受害者，其不属于学校行政体系，以保持其独立性。性侵害顾问职责：为受害者提供建议；同警方、地方性骚扰服务中心、剑桥性侵害危机处理中心合作；整合大学与学院资源，建立校园性侵害网站，单独设置性骚扰预防教育模块，宣传性骚扰预防知识、技巧；并涉及心理咨询。若受到当事人举报，性侵害顾问会提供有效建议。

根据俄亥俄州立大学章程，学校聘请专业人士，为性骚扰受害学生提供医疗救助、心理疏导、司法程序，处理师生性骚扰纠纷案件。宾夕法尼亚大学雇用一名全职专业人士，代替原来五人听证会，听取性骚扰受害者诉求，疏导受害者心理压力，提供医疗服务，为受害者提供相关建议，做好谈话记录，避免谈话记录泄露，协同调查核实事件，维护学生合法权益。哈佛大学组建专业团队，由本校师生构成，接受专业培训，负责核查、处理性骚扰案件，开展性侵犯防止项目，建立专门网站。根据哈佛大学性侵害调查报告，师生间非合意性接触高达

31%。受教师胁迫，69%的女性受害者未通报学校。54%的学生遇见性骚扰，未采取任何行动。密歇根大学《性骚扰政策与执行指南》规定，成立性骚扰预防中心，严格控制不正当师生关系，维护纯洁的师生关系，保护好每位在校生。性骚扰预防中心职责：宣传性骚扰、性暴力、性侵犯的预防措施，教师手册明列性骚扰预防教育内容，设置性骚扰预防课程，利用新媒体形式，宣传性骚扰危害，引导教师自重自律，提升教师性骚扰警示度；全方位帮助性侵受害者；帮助学生建立保护机制。加州大学成立专业小组，依据《防止性骚扰政策》规定，负责性骚扰预防教育，开设两门性骚扰防治必修课程，教职员工、学生完成性骚扰预防课程，课程分为在线课程、线下课程，课程内容包括防止性骚扰知识、技巧等。每两年，教职员工参加一次性骚扰预防培训。入职6个月内，新入职教师接受性骚扰预防教育，参加线下课程。在获任2个月内，行政人员须完成性骚扰预防课程。在入职2个月内，助教、研究生助理、博士后须完成性骚扰预防课程。每三年更新预防教育课程。除性骚扰预防课程外，学生可选修性知识、性暴力、女性主义课程，以加深对性骚扰的认知。专业小组应及时处理性侵害案件，保证调查程序、裁决程序标准化、公正化，避免出现因人而异的判决。设立专门办公室，建立校园性骚扰网站，协助性骚扰受害者，传播性骚扰预防知识。根据性骚扰的危害程度，美国西北大学有针对性地设置专业部门，服务于性骚扰受害者，满足其不同需求。在校园不同位置，西北大学设置四所医疗救护站，鼓励受害者寻求医疗救助，医生负责处理物理创伤、性传染疾病、紧急避孕，同时注意收集强奸证据。西北大学设置性别平等办公室，负责校园性骚扰事件投诉、审查，性骚扰受害者报告形式包括亲自前往、邮件、电话、短信等。接收到报告后，协调员立刻回复。针对匿名报告，协调员要慎重核查。如果性骚扰投诉属实，根据学校规定，隔离嫌疑人，保障投诉人、证人人身安全。

加拿大卑诗大学成立性暴力防治办公室，聘任专业人士，制定性骚扰教育项目，定期培训教职员工，制作预防性骚扰电影，以供全体教职工观看，宣传性骚扰危害，提高教职员工自觉度，预防教职员工不端行为；负责调查性骚扰事件，遵循公正合法原则，保障调查结果公平与公正，将审查结果报学校管理部门，制定解决策略。日本早稻田大学成立防止性骚扰委员会、大学伦理委员会，设立商谈窗口。受害者可直接去窗口倾诉、求助，学校为倾诉者提供专业建议。接到投诉后，防止性骚扰委员会开展调查，教师性骚扰情况属实，违纪教师将被除名，取消教师资格，将其信息上传教育共享系统，防止其再次被录用。为了解决师生性骚扰事件，巴黎第十一大学成立专门部门，设置专门网站，为教师、学生、家长提供在线服务，为受害者提供高效服务。针对性骚扰事件，网站往往将参与人员分为受害者、目击者、受害者家属、教职员工，分别列出可采取措施，以及通报途径。为辅助学校开展反性骚扰教育，网站提供两种教学指南和教学工具，分别适用于教职员工、学生。在国家反性骚扰日，巴黎第十一大学开展各种反性骚扰宣传活动，提升师生预防意识，创建良好校园环境。澳大利亚国立大学设立专门部门，聘请专业人士，负责校园性骚扰防治工作。大学同澳大利亚心理学会合作，为大学培养专业人员，积极协助性侵害受害者。大学同澳大利亚大学联盟合作，及时处理投诉案件。学校整合各种资源，协助专业人员。专业机构主要职责：制定性骚扰应对策略；制定性骚扰预防教育项目，协助学校开展性骚扰预防教育；启动24小时救助热线，全天候为学生提供全面的服务；制作反性骚扰指导手册；制定研究生与教师之间辅导关系守则；开展问卷调查，以协助评估各项措施的成效。

三　以学校为主体的多样化处理机制

纵览发达国家法律政策、大学章程文本，师生性骚扰纠纷解决机制分为三类：大学内部纠纷解决机制、行政申诉程序制度、民事诉讼制度。根据性骚扰受害者意愿，采取不同解决机制。事实上，高校更倾向于采取内部纠纷解决机制，以维护学校声誉。

美国、英国、日本、澳大利亚高校积极推行内部专业调解机制，详细规定申诉渠道、调查程序、处理程序，高效化解师生性骚扰纠纷，力求全面维护受害者权益。高校内部性骚扰申诉程序分为非正式、正式两种。非正式程序是指利用弹性协商，派遣专业人士，为受害者提供咨询服务，在最短时间内，设法提供有效解决方案。非正式程序处理方式高效、便捷、社会危害性较低。正式申诉程序遵循章程条例，处理师生性骚扰纠纷。正式申诉程序分为五个环节：投诉、调查、申诉、处置、补偿。接收到投诉案件后，学校秉承客观、公正、保密原则，迅速开展调查。在调查案件时，专业小组需要注意事项：以最严肃态度对待；以专业态度同申诉者面谈，营造一种轻松氛围，减少申诉者压力；告知申诉者享有权利、各种救济措施；告知申诉者程序时间：学校启动调查期限，通知双方调查结果期限，双方提出上诉期限；校方保障申诉者人身安全，不会遭到报复；尽量搞清全部事实，不轻易做出判断；详细询问性骚扰细节，以及其希望如何解决事件；告知所有相关者保密；妥善保管调查资料；在与证人探讨案情时，保障谈话内容安全，避免泄露给第三方；为避免事后诽谤、名誉损害等纠纷，应避免引用案例作为材料。调查小组确定性骚扰事件，校方开展进一步调查。调查完毕后，校方将调查结果通知受害者、加害者。校方采用渐进方式处理加害者，主要惩罚方式是谴责、停职、取消学位、待职、降职、革职、解聘。除上述惩罚措施外，校方做出事后追踪考核监督，有效执行惩罚措施。

教师认为学校惩罚不公，可提起诉讼。2017年，《英国卫报》调查全英120所大专院校，2011～2017年，校园性骚扰、性侵害案件有296件，其中学生举报教职员工为169件，教职员工间为127件。在学生举报教职人员性骚扰案件中，有136个案件，由校方行政单位调查，38位教职员工接受调查，并立即停职。实际上，多数性骚扰事件未正式立案调查。即使立案调查，大学要求当事人签订保密条款。在案件结案时，结案报告将之归结为教师行为不当，如研究生导师指导能力欠缺，以免影响校誉。

除高校内部纠纷解决机制，极少数受害者采取行政申诉程序、民事诉讼。如采取行政申诉程序、民事诉讼，学校将案件移交司法部门，司法部门将依据刑法、专门法惩罚加害者。美国《刑法》规定，性侵犯是指非合意性关系，以暴力、威胁手段，强行与受害人发生性关系。在受害人失去行为能力、判断力的情况下，强行与受害人发生性关系。法国《刑法》第222条第33款规定，利用工作职能之便，向其他人施加压力，以获取性好处的行为，将处于1年以上有期徒刑，并处1.5万欧元以上罚款。2017年6月21日，日本国会修订《刑法》。第178条第1款规定，性骚扰他人，致使受害者神经错乱，施暴者处6年以下有期徒刑。第2款规定，在受害者拒绝的情况下，强制实施性骚扰、性侵犯，处6年以下有期徒刑。关于惩罚性骚扰者，专门法有更为细致的规定。1972年，美国国会通过《教育法修正案》，将教职人员性骚扰视为非法侵害，涉事教职员工会受到行政处分、解聘、刑事制裁。日本《迷惑防止法》第8条规定，针对性骚扰行为，犯罪者处6个月有期徒刑，处50万日元以下罚款；不正当的偷拍者将处1年有期徒刑，处于100万日元罚款，惯犯加倍处罚；暴力强奸者将处于10年以上有期徒刑。2012年7月31日，法国通过《性骚扰法》，明确列出性骚扰行为，即将淫秽资料置放于办公桌、开色情玩笑、身体接触、摩挲异性脖颈、性暗示等，适用于大学、超市、面试。该法规定，性言语、性行为损害受害者尊严，致使受害者陷入焦虑、恐惧状态，加害者处2年以下有期徒刑，并处3万欧元罚款。强行实施性侵犯、集体实施性骚扰，处3年以下有期徒刑，并处4.5万欧元罚款。

第2期
美国学前教育立法与公共政策新趋势

夏玉丽　编译

内容提要

进入21世纪,美国联邦层面学前教育立法与公共政策突出变革的主旨,引领各州实施学前教育改革,全面提升学前教育质量。在立法和公共政策的引领下,美国学前教育改革项目规模持续扩大,投入稳步增长,质量不断提高,改革成效显现。学前教育机构向质量标准化、幼小一体化方向发展;学前教育经费投入向多样化方向发展;学前教育师资向优质化方向发展。

一　制定学前教育机构的法定标准

美国的学前教育机构种类繁多,教学质量也参差不齐。为此，美国联邦层面推动各州制定学前教育机构的法定标准，提高准入门槛。

2002年，在《良好的开端，聪明地成长》学前教育改革启动仪式上，小布什总统指出："儿童从出生至5岁是一生中生理、情感、社会及认知发展最为关键的时期，儿童入学前所学的知识对将来的成功至关重要。"小布什总统提出，"开端计划"创设新的绩效制度，要求各州制定学前教育质量标准，评估开端计划中心对儿童在识字、语言及数学方面学习的成效。2012年，已有18个州建立起学前教育机构质量评级与促进系统，另有27个州正在设计或进行小规模施行当中。学前教育机构质量评级与促进系统主要包括两方面：一方面，制定质量评估、定级办法，通过财政刺激、专业支持等措施，吸引并鼓励学前教育机构参与评估，多措并举，支持学前教育机构提升教学质量；另一方面，通过各种媒体宣传，扩大影响，评估结果作为家长选择学前教育机构的参考依据。对此，各州在评估内容方面不太一致，但总体呈现全面化、细致化的倾向。

为支持学前教育的发展，2011年，美国联邦政府推出"力争上游——学前教育挑战"计划，提供500万美元，鼓励并支持各州制订可行性计划，实施一致性、综合性的学前教育改革。2011年，美国35个州提交了"力争上游——学前教育挑战"申请，经过评估审查，9个州（加利福尼亚州、特拉华州、马里兰州、马萨诸塞州、明尼苏达州、北卡罗来纳州、俄亥俄州、罗德岛和华盛顿州）获得5亿美元的专项经费，用于在州层面上建设优质早教项目。2012年4月，科罗拉多州、伊利诺伊斯州、新墨西哥州、俄勒冈州和威斯康星州共获得联邦政府1.33亿美元资助，用于在本州完善学前教育体系。

针对0~5岁幼儿的保育体系和教育体系相互独立、目标不统一的体制问题，2007年，美国国会重新修订《开端计划法》，并对"开端计划"的管理模式进行改革。在联邦政府层面，既保持联邦政府对学前教育事业负有的责任，也进一步强化州政府的责任。此外，联邦政府提出将"开端计划"纳入各个州的学前教育体系，由州政府统一协调。为了打破各种学前教育项目联合实施过程中的障碍，奥巴马政府成立了"总统早期学习委员会"，主要负责以下几方面工作：第一，鼓励联邦政府和州政府水平项目之间的对话与联动；第二，宣传学前教育的最新研究成果；第三，在州政府和地方政府水平项目中推进实践效果最好的项目和模范项目。同时，为了加强与各州的合作，"总统早期学习委员会"负责：第一，协调从孩子出生到小学阶段的相关政策，确保学前教育项目贯穿于各个年龄阶段；第二，协调早期幼儿保育政策，确保各州都有一个"0~5岁计划"；第三，在州政府和地方政府部门中创建相关数据系统，供联邦政府参考。目前，美国学前教育机构行政管理尚处于从分散向整合的过渡期，由联邦政府、州政府和地方政府进行协调管理。

二 推进学前教育机构与小学的有机衔接

2002年，美国国会通过颁布《不让一个儿童落后法》。该法规定，为帮助来自低收入家庭的儿童做好入学准备，启动"阅读优先项目"。为顺利实施"阅读优先项目"，2003~2008年，联邦政府每年投入9亿美元，其中"早期阅读项目"拨款为7500万美元左右。2007年，美国国会颁布《开端计划促进入学准备法》，规定各开端计划中心制订提高儿童入学准备程度的目标和计划。联邦政府要求各州普及学前班教育，进一步加强学前教育机构儿童进入小学的入学准备。

美国通过设立早期学习标准和开展入学准备评估工作，加强幼儿的入学准备。2002年，全美学前教育协会发表《早期学习标准：为成功创设条件》，为各州制定并实施适宜性的早期学习标准，提出了四个方面的要求：第一，有效的学习标准的内容和预期的结果必须是有意义的、与儿童的发展相适宜的；第二，有效的学习标准的开发与修订是参与者沟通协商的过程；第三，有效的学习标准只有通过有利于所有儿童发展的实施过程和评价才能取得成效；第四，有效的学习标准需要以早期儿童教育方案为基础，以及需要教育专业人士、家庭的大力支持。2005年7月，美国已有近40个州制定了早期学习标准，早期学习标准和"K—3"（即幼儿园至3年级）标准一体化，促使美国的学前教育机构出现"幼小一体化"的发展趋势。为规范入学准备标准，2008年，美国教育目标讨论小组制定10条入学准备纲要。主要内容：第一，确保儿童在家庭与学校之间角色转换自如；第二，学校努力做好早期幼儿教育与小学基础教育之间的衔接工作；第三，帮助儿童学会学习和了解世界；第四，学校应为儿童的成功尽责尽力；第五，学校积极为教师的成功创造良好条件；第六，学校积极推广促进儿童成功发展的各种教育方案；第七，对于不能促进儿童发展的组织或机构，学校应及时做出调整；第八，为社区儿童提供有效的教育服务；第九，学校应对儿童的发展承担责任；第十，学校应具有强有力的领导小组。2010年，美国联邦教育部制定《改革蓝图：对初等和中等教育法重新授权》，该政策为学前教育机构制定了共同核心基础教育的标准。奥巴马政府要求各州从幼儿园到小学三年级建立明确的、具体的和有衔接性的科学、数学、语言和社会情感领域的儿童学习标准，同时要确保这些标准与其他各州早期学习标准以及四年级至十二年级的学习标准相一致。

2000年，全美学前教育协会和美国教育部早期儿童专家协会（NAEYC/NAECS，SD）公布《幼儿园的入学与安排工作仍旧无法令人满意》的声明。该声明指出，入学准备的评估工作应满足以下要求：第一，评估应有利于儿童和为儿童服务的成人；第二，评估应服务于评估的目的；第三，评估应该具有信度与效率；第四，评估方法的选择应与儿童的实际年龄相适宜，尽可能用自然的观察方法收集与儿童真实生活相关的证据；第五，用历史的眼光最大范围地去收集儿童整个发展领域的证据；第六，评估应该与语言、文化相适宜；第七，多渠道地收集信息，如检查儿童的作业、对儿童进行观察、与儿童面谈、听取家长的报告等；第八，评价应该是有利于指导教学，而不是对儿童的学习成绩进行简单的排位。2005 年，全美已有 13 个州（亚拉巴马州、阿拉斯加州、阿肯色州、佛罗里达州、路易斯安那州、马里兰州、明尼苏达州、新墨西哥州、纽约州、北卡罗来纳州、俄亥俄州、田纳西州、犹他州）开展州级儿童入学准备评估工作。评估类型包括：学习目录表、发展性描述、工作样本系统、幼儿园发展入学评价方案、早期儿童健康与发展评价。除上述 13 个州外，有 26 个州由地方学区执行区级统一入学准备评估标准。有些州没有统一的入学准备评估标准，由州教育厅向当地各学区或学校提供评估指南。有 5 个州赋予当地学校评估自主权，允许当地学校自主设定入学准备评估标准。另有 15 个州正准备启动入学准备评估工作。到目前为止，全美仅有 6 个州还没有开展入学准备评估工作。

三 学前教育投入多样化与师资优化措施

近年来，美国颁布多部学前教育法案，确保学前教育的经费投入的多样化。美国国会颁布多部拨款法案，鼓励州政府进行学前教育和保育资源整合。2000年，美国国会颁布《早期学习机会法》，旨在提高父母教育的有效性，促进儿童的入学准备，该法批准联邦健康与人类服务部用于学前教育与保育的拨款，2001年、2002年财政年度分别为7.5亿美元、10亿美元，2003年、2004年和2005年三个财政年度均为15亿美元。2002年，《不让一个孩子落后法》规定，2002年财政年度拨款9亿美元用于"阅读优先"项目，帮助各州和学区在幼儿园至小学三年级发展各种以科学研究为基础的阅读能力。为进一步提高学前教育质量并实现教育公平，2003~2009年，联邦政府在"开端计划"上的财政经费投入一直呈稳步上升的趋势。2014年投入超过10亿美元经费用以支持学前教育改革项目，激励各州政府为全美儿童提供优质学前教育。联邦《2016年财政预算案》，为学前教育发展资助项目增加5亿美元投入。为确保资金投入的稳定性与持续性，奥巴马政府坚持学前教育经费单列，为确保资金发挥实效，建立健全了"经费申请—审核—拨付—执行—绩效评估—奖励—问责"的财政运行监督机制。

美国学前教育法规定，联邦政府的学前教育财政投入采用预算拨款和依托大型项目两种形式。《儿童保育与发展固定拨款法》确定了儿童保育与发展方面的预算拨款额度，多部《提前开端法案》规定了提前开端项目的预算额度，《不让一个孩子落后法》规定了"早期阅读优先"项目的预算额度。《提前开端法案》规定,"联邦政府对提前开端项目的拨款为10.7亿美元",2003年该法的修订案《入学准备法》中进一步增加该项目的专项拨款,规定"2004~2008年联邦政府在每个财政度要保证68.7亿美元的提前开端项目拨款",在2007年对提前开端项目的再次授权中,明确规定"2008财政年度为提前开端项目提高资金至73亿美元,2009财政年度76亿美元,2010财政年度79亿美元。2011和2012财政年度拨款大致同上"。长期稳定的法规性拨款为美国学前教育事业发展提供了强有力的财政保障。

除预算拨款外,美国学前教育立法规定,依托大型项目切实保障并持续增加学前教育投入额度。自20世纪80年代开始,美国通过了《提前开端法案》、《入学准备法》、《儿童保育与发展固定拨款法》等多部学前教育专门法,明确规定对提前开端项目的专项拨款,拨款数额从1965年的9640万美元上升到2008年的近69亿美元。2010年的预算更是超过了72亿美元。截至2009年,提前开端项目惠及儿童达2700万人,有效保障了美国学前教育的发展,特别是有效促进了美国弱势幼儿群体受教育权利的实现。在"提前开端"项目获得成功的推动下,联邦政府和州政府还举办了其他学前教育项目,例如"齐头开始"、"早早开始"和"聪明开始"等。大型学前教育项目已经成为美国学前教育的重要组成部分,推动学前教育的公平和整体发展。

近年来,美国通过立法,加大对学前教育的财政投入力度。为提高儿童学习质量,2010年,美国联邦教育部制定《改革蓝图:对初等和中等教育法重新授权》。这是奥巴马政府对2002年《不让一个孩子落后法》进行的修订。《不让一个孩子落后法》一直推崇的"绩效问责制"备受争议,导致广大中小学教师陷入"为考试而教"的尴尬境地。《改革蓝图》旨在解决《不让一个孩子落后法》实施过程中遇到的问题,其目标是让所有儿童都享受良好的学前教育,在提高基础教育质量的同时,为儿童日后取得良好的学业成就做准备。

为提升学前教育普惠性,奥巴马政府推动国会通过《弱势群体教育法》,在不缩减普通教育支出的情况下,为弱势群体儿童提供优质公共服务。2015年12月10日,奥巴马签署通过《每一个学生成功法》,再次重申,基于学前教育发展资助项目,创造或扩大中低收入家庭学生进入高质量或州立幼儿园的机会。另外,通过项目拨款和设立奖金的方式,配置学前教育师资资源,鼓励优秀的幼儿园园长和学前教师到落后地区长期任教,优化学前教育师资结构,促进学前教育公平发展。

为优化学前教育师资队伍,《提前开始法》对幼儿教师的资质要求做出详细规定。该法规定,全体幼儿教师应满足专业和学位两方面的资质要求。专业要求包括四个方面:第一,专业学习的要求,制订计划并完成针对促进儿童身心发展的专业学习；第二，环境创设的要求，创建和维护一个安全、健康的学习环境；第三，要能够帮助儿童社会性与情感的健康发展；第四，与儿童家庭沟通的能力要求，教师应鼓励儿童家人参与"提前开始"项目，并促进儿童与其家人之间和谐关系的发展。学位方面规定，2003年9月30日之前，全国拥有协士学位或早期儿童教育高级学位的幼儿教师至少达到50%。2003年，《提前开始法》修订案通过，进一步规定幼儿教师任职资格，要求从2011年9月30日起，幼儿教师要拥有儿童学前教育的协士、学士或更高学位。2005年颁布《为入学做好准备的提前开始促进法》，严格规范幼儿教职人员的资质标准。针对幼儿教师资格认证，《不让一个儿童落后法》规定：在2005~2006学年结束前，美国所有教授核心课程的幼儿教师，必须达到"高级资格"要求，终止使用所有教师临时证书，"高级资格"教师的必备条件是：必须拥有学士学位；持有州完全合格证书；在所教科目上具备应有能力；幼儿教师必须通过本州举办的课程领域考试，展现必备的能力。美国不断加大财政投入力度，提升幼儿教师质量。2009年，美国通过《美国复苏与再投资法案》，在教育拨款项目中，奥巴马政府将教师薪酬待遇单列，设立联邦奖项，奖励全美学前教育"优秀教师"。此外，在《改革蓝图——对初等与中等教育法重新授权》中明确提出，提高学前教师的薪酬。据美国劳工部2014年的统计数据显示，学前教育教师的平均年薪为38680美元。

第3期
英国学前教育治理机制

孙晓鹤　编译

内容提要

　　20世纪90年代以来，通过立法、修法和推出相关的公共政策，英国逐步完善学前教育治理机制。以立法为保障，完善多部门联合治理机制，不断优化各机关职能配置，各级各类机关相互配合、相得益彰，提升学前教育治理实效性；以分阶段与多形式的方式，实施免费学前教育，缓解幼儿家长经济压力，促进学前教育的公平；以课程设置标准化为基础，满足儿童个性化、多样化学习需求，解决保教质量参差不齐问题，让每个儿童享受更高质量的教育；以多元化与个性化评估为着力点，定期评估儿童发展状况，适时调整儿童保教方案，满足儿童个性化需求；以师资培养和机构准入机制为重点，提升学前教育师资教师的水平和学前教育机构的办学质量。

一　协同治理机制

英国学前教育治理围绕儿童发展，以凝聚共同力量、强化工作合力的方式开展。以法律形式，不断优化各机构职能配置，明确各相关部门权责，打破部门间组织性障碍，推进部门之间的配合联动，共同为儿童提供全方位服务，提升学前教育治理实效性。

2006年，英国国会通过《儿童保育法》，明确规定相关部门职责。《儿童保育法》明确地方政府的学前教育职能。第1条规定，地方政府负责改善儿童福利，儿童福利包括身心健康、免受伤害与忽视、教育、培训和娱乐、经济状况良好。第3条规定，地方政府向家长和儿童提供满足其需要的学前教育服务。第6条规定，地方政府满足在职父母的学前教育需求。第10条规定，地方政府承担儿童保教经费。第11条规定，地方政府评估、检查和监督学前教育服务项目。第12条规定，地方政府向幼儿家长提供学前教育服务信息。第13条规定，地方政府向学前机构提供咨询服务。2007年，英国国会修订《儿童保育法》更加详细地规定总督学职责。第31条规定，总督学须向国务大臣汇报学前教育发展信息：学前教育政策对儿童健康成长的贡献；学前教育质量、标准；学前教育法律、政策的实施效果；如何有效利用学前教育资源。第32条规定，总督学管理两套注册登记系统，即0~8岁儿童保育员、学前教育机构。第39条规定，国务大臣须向学前教育机构明确儿童保教要求，以满足儿童发展需要，为其未来发展奠定良好的基础。

英国将相关部门协同合作法治化、具体化。《儿童保育法》第4条第1款规定，为达成该法目标，相关部门包括教育与技能部、健康与卫生部、基础保育部、劳动与培训部等。第4条第2款规定，在构建合作关系中，地方政府应协调各相关部门，发挥领导作用。第4条第3款规定，地方政府须与相关部门、其他合作者共事，召开工作部署会议。第4条第4款规定，地方政府与相关部门履行以下职责：招聘教师，提供学前教育物资、住宿及其他资源；成立合作基金会。第4条第5款规定，基金会资金由地方政府、相关机构共同提供，若资金不到位，合作关系解除。第79条规定，警察协助总督学履行准入权。第91条第1款规定，地方政府协助总督学履行其职责，总督学依据规定程序要求地方政府提供帮助。儿童信托基金是地方政府同相关部门协同合作的典型。根据《儿童保育法》条例，英国各地成立儿童信托基金。其法定成员包括健康与卫生部、基础保育部、警察局、青少年犯罪组等，所有法定成员均由地方政府领导。除此之外，有些地区设立儿童信托委员会，制订儿童和青少年计划，明确儿童服务的战略目标和服务方向。

二 分阶段与多形式并重的免费学前教育机制

英国学前教育治理遵循公平与优质的价值取向，分人群、分年限、分阶段、分形式，稳步推进免费学前教育制度，特别是建立科学、合理的免费对象选择制度，优先保障在职幼儿家长的学前教育需求，以期实现每个幼儿享有公平且有质量的学前教育。

英国各地方学前教育政策略有不同。英国学前教育共同政策是免税保教。英国所有家庭享有免税保教服务，这项服务是权利，非强制。免税保教服务申请条件如下：与申请者同住儿童未满12岁；有身心障碍者年龄放宽至未满17岁；除海外服役军人外，申请者定居于英国，或在英国工作，于政府网站开设学费账户。通过审核后，将孩子送到政府认证的保教机构（公私立幼儿园、小学附设幼儿园、托儿所、日托中心、保姆），政府承担20%的学费，年度补助额上限为2000英镑，若孩子符合身心障碍标准，年度补助额为4000英镑。

除上述免税保教服务之外，英格兰、苏格兰、北爱尔兰、威尔士地区各有其免费保教政策，以英格兰为例。英格兰满3岁且未满4岁幼儿，可享有每周至少15个小时、全年570个小时的免费保教服务，服务由政府认证机构提供，机构名单公布于政府官网。部分 2 岁幼儿可享受 15 个小时的免费服务，须满足以下条件：父母正在申请求职者津贴、就业支持津贴，税前年收入低于 16190 英镑；幼儿有特殊教育需求，拥有身心障碍津贴；符合政治庇护条件的家庭。截至 2015 年，共计 1000000 名 3~4 岁儿童、157000 名 2 岁儿童从中受益。为减轻父母经济负担，英国延长免费保教时间。2016 年 3 月 16 日，英国国会通过了《儿童保育法》，第 1 条规定，双薪家庭、在职单亲可申请每周 30 个小时的免费保教服务，全年共计 1140 个小时，或申请幼儿教育补助，依据父母工作、薪金而定。第 1 条第 2 款规定，儿童须符合以下标准：属于义务年龄段、英格兰人、符合国务大臣制定的标准。此项权利适用于以下四类家庭：双薪家庭、在职单亲家庭、父母每周最低收入相当于国家最低工资、父母双方年收入均未超过 100000 英镑。自 2017 年 9 月起，幼儿教育补助款将放宽至英格兰所有家庭。通过延长保教时间，父母能更好地平衡工作与育儿。此外，30 个小时免费保教服务可同免税保教服务、低收入户、失业救济、育儿券、育儿福利整合抵用，提高父母育儿弹性。与英格兰相比，苏格兰免费学前教育政策更为慷慨，其政策规定：所有 3~4 岁幼儿享有免费保教权利；只要满足以下任意条件，即低收入家庭、身心障碍儿童或者处于特殊处境的儿童，2 周岁享有免费幼托权利。

为减轻在职幼儿家长经济压力，2019~2020年，英国政府计划每年投入10亿英镑，用于延长30个小时免费保教政策。2017年9月，英国全面实施延长政策。根据儿童信托基金研究，儿童信托基金调查152个地方政府，有112个地方政府未提供30个小时保教服务。

三 课程设置标准化机制

为解决保教质量参差不齐问题，规范学前教育教学，英国将多种标准归为统一课程标准。根据幼儿学习、发展、兴趣需求差异，设计多样化教育目标与内容，满足儿童多样化、差异化学习需求，促进儿童健康发展。

2017年3月3日，英国教育部出台《学前教育基础阶段标准框架》。标准框架遵循寓教于乐、以游戏为主的原则。其旨在确保英国幼儿教育质量一致性，确保幼儿拥有扎实稳固的学习基础，强调亲师合作，促进教育机会公平。《学前教育基础阶段标准框架》规范幼儿学习目标、发展目标，学前教育机构协助幼儿达到学习标准，确保幼儿学习与发展；确保幼儿安全与健康；确保幼儿掌握足够知识与技能，以适应未来的小学学习。

《学前教育基础阶段标准框架》将学前教育领域分为沟通与语言，体能发展，个人、社会和情感发展，识字，数学，了解世界，艺术与设计。七项领域同等重要且相互关联，沟通与语言，体能发展，个人、社会和情感发展旨在激发幼儿好奇心、学习热情。《学前教育基础阶段标准框架》设定各学习领域教育目标。①沟通与语言：主要分为倾听与专注力、理解、说话。倾听与专注力旨在培养幼儿专心力，幼儿学会听故事，把握故事主线，评论故事；理解：要求幼儿理解数字、行动指令；说话：幼儿有效表达自己，有效意识到听者需求，清楚表达过去、现在、未来的事，连接想法与事件，发展个人叙事、解释风格。②体能发展：分为移动、使用工具、自我照顾。移动：在各种身体行动中，要求幼儿展现出良好的协调能力，自信地做动作，判断活动空间是否安全；使用工具：有效处理器具与工具，包含用笔写字；自我照顾：幼儿须明白体能运动、均衡饮食的重要性，述说保持健康与安全的方法、手段，维持自身基本卫生，以满足个人需求，如独自穿衣、独自如厕。③个人、社会和情感发展：细分为自信与自我觉察、控制情感与行为、建立关系。自信与自我觉察：幼儿有足够信心参与活动，说出其最喜欢游戏，幼儿可同他人自在聊天，畅聊自己想法，选择其所需资源；控制情感与行为：幼儿表达自己感受，懂得禁止行为，积极参与团体活动，并遵守规则，依据情境调整行为；建立关系：在游戏中，幼儿与他人合作、会轮流玩，在组织活动时，幼儿考虑他人想法，能理解到他人需求、感受，同成人、伙伴建立正面关系。④识字：主要分为读与写。读：幼儿能读懂简单句子，运用字母拼出单词，可以正确读出单词，幼儿有能力读一些常用的单词，通过幼儿讲述其阅读文章，展现幼儿阅读能力；写：幼儿用字母拼写单词，包含一些常用的不规则单词，幼儿能写下简单句子，且让别人读懂（可有同音错字）。⑤数学：分为数字、形状、空间、测量。数字：幼儿可从 1 数到 20，将数字依数值大小排列，清晰地比较数字大小，幼儿学会个位数加减；形状、空间、测量：幼儿可讲述尺寸、重量、容量、位置、距离、时间、金钱，比较数量、物体，幼儿可讲述规律，幼儿发现日常物品、形状的特征，并用数学语言描述特征。⑥了解世界：分为人与社群、世界、科技。人与社群：幼儿讲述周围事件，幼儿理解其他儿童感受，幼儿懂得与他人相似之处，幼儿知道家庭与家庭、社群与社群、各种传统之间的相似之处；世界：幼儿理解地区、物品、材质、生物之间相异之处，幼儿可讲述周围环境的特点，理解各个环境之间不同之处，幼儿具有观察动植物的能力；科技：幼儿懂得如何理性运用科技。⑦艺术与设计：分为探索与运用媒体、发展想象力。探索与运用媒体：幼儿学会唱歌、跳舞，幼儿探索不同物质、工具、技巧，探索色彩、设计、材质、形式、物品功能；发展想象力：幼儿运用媒体知识，探索如何使用，通过设计、科技、艺术、音乐、舞蹈、角色扮演、故事，表达幼儿观点、想法、感受。自 2017 年 4 月 3 日起，英国公立学前教育机构、私立学前教育机构皆遵守《学前教育基础阶段标准框架》。

四　多元化与个性化并重的评估机制

基于儿童发展水平、兴趣需求、学习风格，开展多元化与个性化并重的评估，以持续性评估为方式，从诊断性评估、形成性评估、终结性评估做出全面说明，帮助家长、教师了解儿童发展状况、理解儿童需求、调整保教方案等，同时展现学前教育实施成效。

《学前教育基础阶段标准框架》规定评估分两次进行，即2~3岁、5岁。在儿童2~3岁时，英国开展第一次评估，由幼儿教师、健康访视员评估幼儿发展状况，形成简易书面报告，以供家长、教师参考。报告须说明幼儿强项、需要额外协助方面、发展迟缓部分。如幼儿有特殊需求，学前教育机构制定行动方案、策略，教师应制定个性化发展方案，以协助幼儿未来发展。幼儿教师鼓励父母分享专家意见。若幼儿欲转学，家长须同教师转出时间达成共识。

为了解幼儿知识、能力，幼儿是否达成学习目标，在幼儿5岁时，教师于6月30日前开展第二次评估。评估依据教师观察、教育机构观察记录、家长同专家谈话记录，形成一份简易报告，并为每个儿童建立学前教育基础阶段档案。报告提供给每位小学一年级教师，以协助一年级教师规划儿童学习方案。报告副本由教育主管机关调阅参考。若家长觉得学前教育机构提供的教育内容违背个人哲学、宗教信仰，可向机关申请豁免，若幼儿就读学前教育机构接受其理由，并同意豁免，幼儿可免修其课程，每次豁免期限最多为12个月，到期须重新申请。

五　师资与机构准入机制

英国学前教师准入实施双层标准机制，聚焦高素质专业化，以选拔优秀教师，建设更高水平学前教师师资队伍。

英国采取教师专业标准与资格标准相挂钩模式。2012年5月，英国教学署颁布《学前教育专业教师身份标准》。《学前教育专业教师身份标准》主要包含8大标准，以确保幼儿享有高质量保教服务。其8大标准：帮助0~5岁婴幼儿健康成长与发展；同幼儿家庭紧密合作，加强与其他教育机构合作；保障并增进幼儿福祉；积极鼓励幼儿进步；善于观察和评价儿童，以满足每个幼儿个性化需要；根据幼儿个体差异制订计划；严格履行幼儿教师职业职责；引导儿童树立不断进取的信念。2014年9月，英国重新制定幼儿教师资格制度，将幼儿教师资格纳入国家教师资格范畴。中学毕业生参加专业培训，修完规定课程，参加全国综合统一考试，通过者可获得学前教师资格，可进入学前教育机构任职。大学毕业生通过认证机构学习，获得全职学前教师资格，可直接就职。普通教学委员会定期评价幼儿教师，判断其是否达到专业标准。

为营造优质的教育环境，英国制定完善教育机构准入机制，将注册标注、注册流程、监察制度等细化、精准化、具体化，同时严格规范教育机构职员资质。

2016年1月1日，英国教育标准局出台《学前教育机构登记手册》，第2条规定，学前教育机构招收8岁以下儿童，且每日提供2小时以上服务，须向教育标准局登记，通过教育标准局审核，方可获得办学资格。第3条规定，学前教育机构注册类型分为学前教育注册、保育注册。学前教育注册服务于未满5岁者，遵守《学前教育基础阶段标准框架》。保育注册分为义务登记、自愿登记，义务登记机构服务于5~8岁儿童，自愿登记机构服务于8岁以上儿童，包含8岁儿童，以及其他未涵盖于义务登记的单位。保育登记机构包括幼儿托管人、居家型托幼、非居家型托幼、保姆。第8规定，有意愿向教育标准局申请注册的单位，首先向地方政府寻求帮助，地方政府有义务提供协助。第9条规定，申请人可以个人、团体名义申请登记，申请人需满足以下条件：申请人须满18周岁，且拥有合法工作权，持有无罪证明。第12条规定，申请人、申请人同居者曾禁止从事儿童工作，曾取消注册资格者，学前教育机构已向儿童托管中介登记，符合以上任意一条，教育标准局拒绝其申请。第17条规定，学前教育机构须遵守《学前教育基础阶段标准框架》并在特殊情况下，可向教育部申请免除儿童发展要求，例如，幼儿参加机构提供的课外照顾，或假期活动之时，可申请免除学习项目审查，机构不得申请免除安全、福利的审查。除此之外，严格限定教育机构全体职员资格。第49条规定，幼儿托管人须符合以下要求：完成健康声明问卷；修完一门《学前教育基础阶段标准框架》相关课程；持有急救资格证书；申请者、其他幼儿教育从业者皆持有无犯罪证明；评估潜在危险的设备或活动。第52条规定，其他教育机构须符合以下要求：聘请一位专业管理人员，其须持有无犯罪证明，负责学前教育；至少有一名工作人员拥有急救资格证；假设申请者为社会组织，须派遣一位代表负责同教育标准局联系登记事项，代表须为组织合伙人、董事、秘书、理事会成员，代表须证明其经常接触儿童；假设该组织主要目的是照顾儿童，全体成员皆须证明其适合照顾儿童，且持有无罪证明。

# 第4期
以公共性引领发展

——世界主要国家家庭教育法律政策

高　露　编译

内容提要

由于现代家庭结构和功能发生变化，家庭教育面临新的挑战与机遇。为了全面提升家庭教育质量，秉持多元、弹性、终身教育的原则，世界主要国家将家庭教育纳入国家公共服务范畴。以家长为主体，发挥家长在家庭教育中的积极性和主体作用。以政府为主导，有效整合资源，协调相关部门，引导多元主体参与家庭教育活动。为有效满足教育个性化、多样化需求，将家庭教育视为一种国家公共教育形式，以可量化形式与学校教育相衔接。将家庭教育经费列入各级政府的财政预算，设立家庭教育专项经费，为家庭教育事业发展提供经济保障。

到目前为止，世界上主要国家均未制定专门的家庭教育法。在家庭教育法治化方面，世界主要国家坚持多措并举，以专业技术为支撑，统筹协同各类社会资源，社会力量共同参与，向家庭提供指导与服务，推进家庭教育的科学化、专业化、社会化。

一 扩展家庭教育者范围，强化家长家庭教育的主体性

英国、日本尊重家长在家庭教育中的自主性和主体性，强化家长责任意识，避免家长家庭教育责任缺失，减少教而不当、缺教少护等现象发生。在开展家庭教育过程时，家长遵循儿童身心特点和成长规律，秉承终身教育理念原则，促进儿童全面发展，使儿童各个方面的能力得到均衡、和谐、自由发展，为日后成长为高素质人才奠基。

2007年，英国儿童、学校与家庭部颁布《家庭教育指导方针》，其明确界定家长在家庭教育中的角色与法律责任。第1条第1款规定，儿童教育为家长的责任；家长既是指父母，也包括对儿童负有家长责任之人，例如监护人、保育员、保姆。2018年3月7日，英国国会修订《教育法》，第7条规定，凡法定学龄儿童家长应使儿童接受相应教育，与儿童年龄、能力相符合，或满足特殊儿童的成长需要，接受全日制教育，全日制教育由学校教育或其他教育形式组成。以伦敦巴奈

特地方政府网站所提供的资料手册为例。其中规定，为开展家庭教育，家长应为儿童提供以下环境：家长持续参与儿童教育；家长了解儿童需求；确保儿童在学习活动中获得启发；家长提供有效教育资源；让儿童保持社交活动。《家庭教育指导方针》第2条第3款规定，有效教育是指达到预期目标的教育，适合教育是指儿童具备所属团体的生活能力，同时不限制儿童选择其他生活方式。第2条第4款规定，在儿童未达法定学龄前，家长开始履行家庭教育义务。在任何时间段，家长可申请退学，并实施家庭教育。迈向2020年，日本面临少子高龄化难关，生产率革命、创造人才革命将成为关键改革。关于创造人才革命，日本注重发挥家庭教育作用，凸显家长在家庭教育中的主体性，同时规范家长家庭教育行为，最大限度地满足儿童的发展需要，发挥儿童潜力，将为儿童一生的发展奠定重要基础，以储备拔尖创新全能人才。2006年12月22日，日本国会通过《教育基本法》。该法第10条第1款规定，父母、监护人作为儿童养育的第一责任人，努力培养儿童的基本生活习惯和自立心，促进儿童身心协调健康发展。《德国民法典》第1626条规定，父母有义务养育其未成年子女，国家监督其履行情况；在养育时，父母需因时制宜地考虑子女需求，提供适合其发展需要的教育环境。《法国民法典》第371条规定，父母有义务保护其未成年子女安全，关注未成年子女身心健康，注重培养未成年子女道德品质。瑞士《瑞士民法典》第267条第36款明确规定："父母有义务全额负担子女抚养费，抚养费包括教育经费、职业培训经费、子女人身安全保护措施等；父母通过教育的方式，履行其抚养义务。"

二 以政府为主导，建立多元主体协同治理机制

英国、日本将家庭教育纳入国家公共服务范畴，努力创建政府主导、社会参与、多方合作的公共治理框架，充分发挥各种主体的作用，有机融合家庭教育、学校教育、社会教育，切实增强家庭教育的针对性和实效性，共同创造良好的教育生态，共同促进儿童健康成长。

英国法律政策强化政府在家庭教育中的主导地位，细致规定相关部门职责与合作事项。英国《家庭教育指导方针》第2项第5款规定，地方政府及时宣传家庭教育的相关法律，再配上简明扼要的文字说明，积极帮助寻求帮助的家长。将家庭教育政策公布于地方政府网站，以地方语言和格式呈现。地方政府须深知教育方式的多样性，非局限于学校教育形式。《家庭教育指导方针》第2项第7款规定，地方政府无权定期审查家庭教育质量。然而，《教育基本法》第437条第1款规定，假若地方政府发现适龄儿童未接受学校教育，或其他教育形式，

地方政府必须介入，地方政府向家长发出书信通知。在规定的时间内，家长为儿童提供合适的教育方式，并提供相关证明。第438条第2款规定，家长在收到通知之日起15日内提供儿童入学证明。《家庭教育指导方针》第2项第8款规定，在正式通知发出之前，地方政府以非正式方式约谈家长。假若地方政府获知家长未提供合适的教育方式，地方政府有权询问家长目前提供的教育方式。此项询问与第437条第1款规定的通知不同，询问并非通知前的必要流程，家长无义务回复询问，家长须理解询问的合理性。《家庭教育指导方针》明确规定，地方政府同家长初次联系，应具备建设性与正面性，地方政府应提供书面资料，提供有价值的资源。例如，建议家庭教育可使用的图书馆、开展社区免费活动、设立学习资源中心、国家课程学习材料等。以伦敦巴奈特地方政府网站所提供的资料手册为例，地方政府处置流程如下。①地方政府接到通报后，将儿童姓名列入家庭教育名册。②家庭教育指导老师将联系家长，进行第一次面谈，讨论目前儿童所接受的教育形式，介绍地方政府对家庭教育的期许。③除家访外，在双方同意下，家长可选择其他地点会面。④地方政府关注未接受适合教育的儿童。地方政府以非正式方式询问家长家庭教育现状，家长应理解询问的合理性，并无义务回应。⑤地方政府每年联系家长一次，以获取最新家庭教育信息。⑥地方政府发现不当家庭教育，地方政府以书信通知家长，让家长提供更多家庭教育信息，并提出需要改进的地方。假设家庭教育质量未改善，地方政府把家庭转接至教育福利组。⑦教育福利组发布《入学令》，要求儿童复学。家庭提供适合家庭教育后，方可撤销。英国法律明确规定家庭教育督导评估机制，为其良性发展提供保障。2006年，英国国会通过《教育督导法》。第4条规定，地方政府须定期监督教育实施情况；地方政府检查本区域内未注册入学的适龄儿童；适龄儿童根据自身需求，选择学校教育或其他教育形式；为落实《教育督导法》，地方政府须落实儿童、学校与家庭部的家庭教育政策。

为了给儿童营造良好的家庭教育环境，日本建立多元主体共同参与家庭教育的协同工作机制。日本《教育基本法》第10条第2款规定："国家、地方公共团体应为监护人提供各类学习机会与有效的信息，制定和实施家庭教育政策。"第13条规定，在遵守各自职责的同时，学校、家庭、社区积极互动、相互协作，共同落实家庭教育实施方针，及时满足家庭教育资源需求，满足儿童社会化发展需要。

三 满足教育个性化、多样化需求，家庭教育定位成教育形式

美国、英国、加拿大、新西兰将家庭教育视为固定教育形式，以补充学校教育形式，进一步扩大家长教育选择权，有效

满足儿童教育个性化与多样化需求。

由于生活方式、不满意学校教育教学方式、特殊儿童需要特殊教育、学校欺凌、宗教等因素，英国家长通常选择家庭学校。英国《家庭教育指导方针》规定，家庭教育为英国学龄儿童接受义务教育的合法教育形式，并是家长必须履行的法律义务。《教育基本法》第7条规定，凡法定学龄儿童家长应使儿童接受相应教育，与儿童年龄、能力相符合，或满足儿童特殊需要，接受全日制教育，全日制教育由学校教育或其他形式教育组成。其他教育形式涵盖家庭教育，保障每位家长有权选择家庭教育的方式。《家庭教育指导方针》明确规定，适龄儿童家长决定开展家庭教育，家长申请家庭教育的步骤如下。①书面通知儿童就读学校校长。②学校将儿童姓名于学生名册中删除，并通知地方政府。③假设特殊儿童就读于一般学校，家长须联系学校。④假设儿童就读于特殊学校，学校须经地方政府同意之后，方可删除学生姓名，学校须告知家长其法律责任，并通知相关部门。地方政府须同家长保持联系，以确保家庭能否提供合适与有效的教育，符合特殊儿童需要的教育。申请完成后，将修改儿童特殊需求证明、教育健康照顾计划。⑤学校不能以低出席率为理由，说服家长进行家庭教育。⑥假设学校本身发生问题，促使家长考虑选择家庭教育，家长应寻求地方政府协助，非直接办理退学，因为家庭教育成效不彰，并非所有学生可以申请回原学校就读。第3条第13款规定，目前法律未明确定义"全日制"时间长度，一般学生上课时间为每周22~25小时，一年就学38周。上课时间并不能当作家庭教育全日制的标准，因为家庭教育涉及一对一的持续互动，学习活动可能时刻都在进行，家庭教育活动形式多元且有弹性。截至2016年9月，英国有950万儿童接受学校教育，有36609名儿童选择家庭教育。2010~2016年，英国家庭教育儿童人数已上涨65%，家庭教育儿童增加了10399名。

自20世纪60年代起，美国掀起了"家庭教育运动"，倡导回归家庭教育。美国《宪法》规定，家长有权决定子女的教育方式。《宪法》赋予家长选择教育形式的权利，以增加教育方式自由度与灵活性，进一步缓解学校压力。目前，全美有50个州将家庭教育合法化。以加利福尼亚州为例，加利福尼亚州规定家庭教育申请模式分为4种：①私立学校；②私立学校提供独立学习项目；③公立学校或特许学校提供独立学习计划，学校指派教师进行监督；④家长持有教师资格证书，或聘请专业教师开展教学，每天至少3个小时，每学年175天，此项规定不适用于私立学校。除此之外，加利福尼亚州家庭教育网提供家庭教育指南手册，为家庭提供系统、专业、科学的指导。

美国家庭教育模式是一种兼容并蓄的教学模式。家庭教育模式典型一天：在家读书、玩游戏，或参加一项团体活动，散步、打篮球、购物。有些家长要求每天学习所有科目（目前，美国已研发出一套完整的家庭教育课程资源，以供家庭利用，包括数学、科学、历史、阅读）；有些家长要求全天数学或语言；有些家庭制订课表，并结合儿童兴趣；有些家长依据学校模式，暑假、寒假放假。家庭教育经费开销不均，可大可小，且无法申请政府免税。有些家长花费数千美元购买全套课程，包含影音教学。有些家长充分利用公共设施，如图书馆、网络资源、园艺教学、烹饪教学、商业教学。根据美国联邦教育部全国教育统计中心数据统计，在2011～2012学年，5～17岁学生有3%选择家庭教育，其中白人占83%，黑人占5%，拉丁裔占7%，亚裔或太平洋岛民及其他移民族裔占5%。截至2016年，全美有2300000个家庭选择家庭教育。据美国联邦教育部全国教育统计中心分析，家长选择家庭教育理由为：追求学业卓越、环境安全，传递子女家庭管理价值，增进家人亲密关系；家庭教育维持学生学习热情，关照每位儿童，考量个人学习兴趣与模式等。美国联邦教育部全国教育统计中心研究分析，半个世纪以来，无法证明教师资格证与学生成就有明显相关性，家庭教育者父母来自各行各业，均显示子女教育很成功。家长扮演学习促进者角色，帮助孩子寻找合适的教育资源、各种创意教学方式。家庭教育存在以下几点优势。①受家庭教育者比上学者行为问题较少，许多家庭可立即发现子女问题所在，并及时有效处理行为问题。②受家庭教育者可接触多元文化、种族。不同社会经济背景、种族的家庭教育者定期聚会，参加社团活动。③家庭教育最关心社会化，家庭教育拥有许多社会化机会，如家庭教育网、童子军、音乐、同公立学校学生开展课后游戏。因受家庭教育者持续与成人学习接触，且以大人为榜样，通常较少受同侪影响，更容易与各年龄段人相处。④同公立学校形成良性竞争，根据华盛顿家庭教育研究报告分析，受家庭教育者 SAT 成绩超出平均水平，同父母教育水平、收入、种族无关。依据全美优秀学生奖学金组织调查，在各种全国比赛中，受家庭教育者表现突出。⑤美国越来越多的名校录取受家庭教育者，申请者可提交个人作品、推荐信，参加美国大学理事会制定的入学考试、斯坦福成就测试。

加拿大各省均将家庭教育法治化，并已经实施 40 余年。《安大略省教育法》第 21 条第 2 款规定，如果儿童正在接受其他形式教育，可免于参加学校教育。家庭教育开展者须向政府登记，或向主管部门申报。魁北克省、阿尔伯达省、萨克其万省更进一步要求家长须提供正式教育计划，并定期提供孩子学业进展证明文件。魁北克省修订《魁北克省教育法》，该法赋予政府监管非法学校、家庭教育者的权力。《魁北克省教育法》规定，自 2018 年 7 月起，家庭教育实施者须向教育局申请，教育局将其教育计划提交教育厅，须获得教育厅批准。根据魁北克省家庭教育协会统计，魁北克省 3000～8000 名受家庭教育者未在官方系统登记。魁北克省家庭教育协会主席诺埃米·伯鲁斯表示，部分家长利用合法的灰色地带，未经教育厅同意，私自开展其家庭教育计划。加拿大著名研究机构菲莎学会的研究显示，加拿大家庭教育人数大幅度增加。截至2012年底，登记人数达到21662人，与2008年相比，登记人数增加了29%，尚未包括未登记孩子人数。菲莎学会分析表示，越来越多的家长选择家庭教育方式存在很多现实原因，除了宗教因素之外，有一些个人因素，例如儿童健康问题、学习障碍、居所偏远等。

新西兰《教育法》规定，5~16岁儿童必须在学校注册，除此之外，父母、监护人可申请家庭教育，以替代学校教育。家庭教育由家长、法定监护人负责开展。家长、监护人若想要开展家庭教育，首先须获得当地教育局同意。若当地教育局批准后，家长或监护人获得豁免登记证书，其意味着家长必须为儿童制定教育发展规划，负责运行教育发展规划。假设家庭教育涉及多个儿童，豁免登记证书数量须同儿童数量一致。若申请遭到拒绝，家长、监护人须及时将儿童送到学校。《1989年教育法》第21条规定，学生重新在学校注册，豁免登记证书即使实效。《1989年教育法》规定，作为教育管理者，教育局须监督家庭教育开展情况，为落实此项任务，教育局工作人员须同家长保持联系。如有特殊情况需求，教育部要求其下设的教育审查办公室约谈家长，教育部提前告知家长，并给予适当理由，教育审查办公室通知家长约谈程序与时间。截至2015年7月1日，教育部家庭教育注册人数达到5558人，这些学生来自2916户家庭，66.5%的学生为12岁以下，66.6%的学生已经注册至少5年，仅有4.4%的学生注册时间在10年以上。

第二次世界大战后，日本经济迅速崛起，主要得益于其教育投入，并将教育理念深植于每个家庭。与其他国家不同，日本将家庭教育重点置于培养儿童健全人格，把德育贯穿于家庭教育的各个方面，监护人让孩子自觉接触社会，让其具备成为国家和社会建设者的必备素质。日本家庭教育特点之一：注重礼仪教育。在懵懂时期，儿童开始参与各种各样的礼仪培养。第一，儿童家人开始教导其日常的行为规范。第二，餐桌礼仪是儿童最重要的学习内容，父母向孩子亲自演示餐桌礼仪。日本家庭教育特点之二：培养儿童自立精神。儿童尽其所能帮助家长从事家务劳动，如洗碗、打扫卫生；儿童自己的东西自己收拾。通过培养儿童自立精神，日本儿童具有较强的生存能力。日本家庭教育特点之三：尤其注重培养儿童创新意识与创意能力，重视培养孩子的好奇心和冒险精神。日本家庭教育特点之四：时常开展挫折教育。在受到委屈、挫折时，家长不会马上去帮助孩子，鼓励其自己去克服。孩子两岁之前，家长教导其学会等待，两岁之后教育其学会忍耐。值得注意的是，忍耐并非消极的忍耐。

四 设立家庭教育专项经费，构建家庭教育财政投入的长效机制

英国、德国、日本、新西兰将家庭教育经费列入各级政府财政预算，设立家庭教育经费，并根据各个区域经济差异与家庭收入情况差异，制定不同家庭教育财政投入制度、筹资方法，促进家庭教育服务的公平性和可及性，以保障家庭教育获得必要财政支持。

英国《家庭教育指导方针》第2条第4款规定，从事家庭教育的家长无须向地方政府注册，或无须经地方政府同意。家长承担家庭教育所有费用，包括申请国家会考的费用。在资金充足的情况下，国家鼓励地方政府协助家庭开展各种形式的家庭教育活动。自2007年以来，关于自愿在家养育儿童的家庭，德国政府实施相对宽容的家长金政策，并且制定了各种相对细致的分配政策，即1~14个月幼儿家长补贴额是产前收入的65%。日本文部科学省每年设立"家庭教育专项支持计划"，国家财政补助1/3，地方政府协调各相关机构、社会组织共同推进。以2016年为例，文部科学省家庭教育专项支持经费：建设家庭教育专业团队经费为52.46亿日元；构建社会与学校联合家访经费为2800万日元；培养儿童良好生活习惯经费为2600万日元；构建教育多元参与主体经费为1800万日

元，中央财政预算共计 53 亿日元，都道府县级财政、市町村财政等额配套支出。新西兰根据孩子数量、出生顺序进行差额财政救济。其政策规定，家庭教育实施者可获得相应补贴，按照孩子出生顺序，实行差额补助，第一个孩子补贴 743 美元，第二胎补贴 632 美元，第三胎补贴 521 美元，剩余孩子补贴 372 美元。每年 6 月、12 月发放家庭教育津贴。在 4 月或 11 月，家长可以提前申请发放津贴。

第5期
俄罗斯建设教育强国"4.0时代"

高 露 编译

内容提要

2018年5月7日，普京就任新一届俄罗斯总统，俄罗斯进入建设教育强国"4.0时代"。为了实现俄罗斯建设教育强国"4.0时代"战略目标，从娃娃抓起，俄罗斯形成独具特色的天才儿童教育发掘与培养模式，天才儿童培养机制引领教育。普京执政以来，高度重视"统一教育空间"，出台许多有力措施，实现国家教育空间统一，巩固国家统一。爱国主义教育铸魂公民，俄罗斯将爱国主义教育置于突出位置，构建公民爱国主义教育体系。《俄罗斯联邦公民爱国主义教育纲要》是俄罗斯公民爱国主义教育的国策，五年一个周期。

一 天才儿童培养机制引领教育

为了实现俄罗斯建设教育强国"4.0时代"战略目标，从娃娃抓起，最新版俄罗斯联邦《教育发展纲要》规定，举办天才儿童项目竞赛，现金奖励创新型天才人才，以现金、俄罗斯总统助学金形式支持天才儿童，逐步提高参加竞赛儿童在同龄人中的比例，2018年46%、2019年48%、2020年50%。为吸引天才儿童参与竞赛活动，增加奖励人数，2018年17000人、2019年18000人、2020年19000人。俄罗斯联邦政府高度重视甄选与培养天才儿童，将完善天才儿童发现与支持体系作为教育领域优先发展任务。俄罗斯已形成独具特色的天才儿童教育发掘与培养模式，以竞赛、补充教育方式，选拔天才儿童，保持天才儿童教育的独立性，使用个性化教育方法，并将天才儿童教育特殊需求合法化。

以竞赛方式，选拔和奖励各领域天才儿童。《俄罗斯联邦教育法》第77条第2款规定，为了发掘天才学生，支持天才教育，联邦国家机关、俄罗斯联邦主体权力机关、地方自治机关、社会组织和其他团体负责组织与举办奥林匹克竞赛、创作竞赛、体育竞赛、其他智力竞赛，开发学生智力、创作才能、体育才能、艺术才能，激发儿童参与科研、创作、运动的兴趣，宣传科学知识。学生自愿参加竞赛，禁止相关部门收取费用，根据竞赛结果颁发奖金，以激励天才儿童。作为普京治理俄罗斯"4.0时代"的宣言书，《2024年前俄罗斯联邦国家发展目标和战略任务》规定，为传承文艺优良传统和激发文艺创新活力，要进一步发掘文艺领域的天才儿童，丰富文艺领域的比赛形式，发掘文艺天才，激发天才学生文艺潜力，提高俄罗斯联邦的文化软实力。为更好地发掘各领域天才儿童，俄罗斯不断完善竞赛奖励机制。《俄罗斯联邦教育法》第77条第4款规定，针对具有特殊天赋的儿童，国家设专项基金进行奖励。

补充教育作为甄选和培育天才儿童的重要途径。俄罗斯把补充教育上升到发掘和培养天才儿童、提高国家创新竞争力的战略高度，有计划地扩大补充教育覆盖面和规模，提高天才儿童发掘概率。《俄罗斯联邦教育法》第2条第14款规定，补充教育要全面满足人的智育、精神、道德、体力、职业发展等方面要求。第75条第1款规定，儿童补充教育旨在发掘、培育儿童创造力，满足儿童智力、道德、体育、艺术等个性化需求，养成健康生活方式，培养其合理安排和利用闲余时间的能力。儿童补充教育保障儿童适应社会生活，发掘儿童特殊天赋，提供条件培养其天赋，帮助儿童进行专业性自我定位。2014年9月4日，俄罗斯联邦政府颁布《儿童补充教育发展纲要》，该纲要规定保障儿童自我发展的权利，扩大满足不同儿童不同兴趣需求的可能性，不断拓展儿童补充教育范围，培养儿童创新能力，提高国家创新潜能。《青少年补充教育机构类型条例》规定，补充教育旨在发掘天才儿童创造性潜能，补充教育机构是儿童创造性的欢乐城。《儿童补充教育发展纲要》规定到2020年，儿童补充教育比例增至75%，优先实施《普及儿童补充教育》，在2020~2025年，有不少于75%的儿童接受补充教育，满足更多儿童个性化和自我实现需求，发掘更多天才儿童。目前，在补充教育体系内，俄罗斯已建立的"阿尔捷克"儿童营地、"海洋"儿童营地、"雏鹰"儿童营地、"天狼星"儿童教育中心、青少年科技园、高等教育预备学校、奥林匹克竞赛学校均纳入天才儿童教育体系。为落实"俄罗斯天才儿童补充教育新模式"，俄罗斯教育科学部制订建立Kvantorium青少年科技园区计划，为10~17岁的天才儿童提供完全免费的学习环境。建立Kvantorium青少年科技园区计划得到普京总统的大力支持，吸引更多儿童参与科学研究活动、工程设计。Kvantorium青少年科技学区分为13个研究方向：Avtokvantorium 未来运输工具、Aviakvantorium 小型无人机、Geokvantorium 地理信息、Enerdzhikvantorium 小型创新造船、Robokvantorium 机器人、Neurokvantorium 神经科学和神经生物学、Nanokvantorium 奈米材料研究、Cosmokvantorium 空间应用、Biokvantorium 生物工程、Itkvantorium 软件设计及信息安全、Laserkvantorium 激光技术、Industrial Design 工业设计、VR/AR 虚拟现实增强技术。目前，俄罗斯已设立24个

Kvantorium 青少年科技园区，可容纳 12000 名学生。

为了保持天才儿童教育独立性，俄罗斯设立专门天才儿童教育机构，制定特殊教育大纲。《发展与培养天才儿童有效方案》规定，成立专门天才儿童教育机构，天才儿童教育机构可分不同类型，专司服务于天才儿童。《俄罗斯联邦教育法》第 77 条第 5 款规定，为发掘和培养天才儿童，可设立专门教育机构，实施"定制教育大纲"。

二　统一教育空间巩固国家统一

苏联解体后，统一的教育空间随之瓦解，地域广阔、民族众多、语言各异，俄罗斯地缘政治环境急剧变化，民族宗教纷争不断，不确定、不稳定因素层出不穷，国家安全形势日益严峻，教育空间的统一事关俄罗斯联邦的统一。普京执政以来，高度重视"统一教育空间"，出台许多有力措施，实现国家教育空间统一。

2012 年 12 月，普京签署《俄罗斯联邦教育法》。该法第 3 条第 1 款明确规定，"统一教育空间"是教育法律政策的基本原则，在维护国家教育统一前提下，鼓励发展各民族传统文化，将多元文化融入民族地区教育。第 11 条规定，联邦国家教育标准应保障俄罗斯联邦教育空间统一。2012 年 12 月普京签署的《2025 年前俄罗斯联邦国家民族政策战略》规定，构建统一文化教育空间，巩固多民族国家统一。2017年9月，在国家杜马会议上，俄罗斯教育科学部部长指出，"统一教育空间"是增强国家认同的必然途径，也是俄罗斯未来教育领域的重要政策，采取一切有效措施实现教育空间统一。在此基础上，2017年《教育发展纲要》进一步落实了"统一教育空间"措施。《教育发展纲要》规定，遵循独立性、一致性、文化适应性原则，通过重塑俄语文化圈、教育互认、资源共享、师生学术流动、共建联合型教育机构等方式，实现教育空间统一。具体措施如下：俄语作为俄罗斯公民自我认同的基础，增强俄罗斯公民的文化认同感。完善《俄罗斯联邦国家语言法》关于科学信息保密条例，根据俄语功能、研究和教学方面的需求，建立数据库，让独联体成员国共享。独联体成员要推进俄语发展，巩固俄语地位，普及俄罗斯科学、文化、教育。世界各地启动俄语启蒙、教育和科学教学法，巩固俄语地位，全世界普及俄罗斯科学、文化和教育。建立"普希金研究所"合作网站，完善"普希金研究所"合作网站现代化基础设施，合作网站要提供俄语教学法，成立俄语网络学校。在国内和境外举办一系列俄语启蒙活动，提高俄语普及率。建立互相认可的教育标准和教育体系，重点加强教育原则、教育标准、教学大纲、升学考试、教育质量评价、学位和职称等的互相认可。采取各种有效措施消除教师、学生流动障碍。建立网络开放性大学，独联体国家可互设高等学校分校，加强科技合作等。增加联合大学数量,规范联合大学治理。

根据《教育发展纲要》、普京第四任期就职演讲、《2024年前俄罗斯联邦国家发展目标和战略任务》总统令,"俄罗斯统一教育空间"的战略目标与发展趋势为:学前教育由增量转向质量发展,增强学前教育全球竞争力;构建现代化基础教育环境,基础教育质量进入世界前十;以全球视野谋划和推动职业教育创新,培养高素质技术技能人才;以提升世界排名、增加国际学生数量方式,推进高等教育国际化。

三 爱国主义教育铸魂公民

2000年普京执政以来,俄罗斯将爱国主义教育置于突出位置,构建公民爱国主义教育体系。《俄罗斯联邦公民爱国主义教育纲要》是俄罗斯公民爱国主义教育的国策,五年一个周期。

2001年2月16日,俄罗斯颁布了《俄罗斯联邦国家公民爱国主义教育国家纲要(2001~2005年)》,界定爱国主义教育概念,梳理俄罗斯爱国主义教育目标。《俄罗斯联邦国家公民爱国主义教育纲要(2006~2010年)》明确提出落实爱国主义教育体制机制。《俄罗斯联邦国家公民爱国主义教育纲要(2011~2015年)》明确要求,要进一步健全爱国主义教育体制机制。《俄罗斯联邦公民爱国主义教育纲要(2016年~2020

年)》(以下简称《纲要》)丰富了公民爱国主义教育内涵和开展途径,吸收更多社会组织、青少年团体和非营利性组织参与爱国主义教育,爱国主义教育目标涉及国家安全、社会互信、民族团结、国家自豪感、公民社会建设、经济社会发展等问题。

为确保爱国主义教育政策顺利实施,俄罗斯联邦设立各级各类公民爱国主义教育机构。俄罗斯联邦青年事务局职责:监测《纲要》落实情况,监督执行者和协作者的工作情况,向俄罗斯联邦政府提交年度报告,针对《纲要》提出完善意见。俄罗斯联邦青年事务局协同联邦教育科学部、国防部和文化部:在跨部门合作的基础上,完成《纲要》规定的具体任务;制订各个部门工作计划,部门工作计划必须记录每个项目的支出、资金来源;吸引社会组织和非营利性机构协助完成部门工作计划;等等。

针对克里米亚引发的西方制裁,俄罗斯全面加强爱国主义教育。《纲要》规定,爱国主义教育对象是儿童、家庭、青年人、军人、国家公务人员、劳动者、教师、文艺人员、媒体从业者等。在0~6岁阶段,帮助孩子形成关于祖国的正确观念,完善儿童文学、音乐、动漫、特殊教育纲要,让儿童懂得爱、友善、劳动、友情、真诚等基础概念。在7~10岁阶段,爱国主义教育具有启蒙性质,旨在教育儿童尊重民族文化和传统。展现俄语语言文学魅力,增强本民族文化对儿童的吸引力,使其了解基本世俗伦理、传统宗教知识，要尊重儿童不同的宗教信仰。鼓励儿童积极参加体育运动，让儿童逐步养成健康的生活方式，学会在团队中与他人协作。有针对性地培养高水平运动员，在国际比赛中，以其出色成绩提高民族自豪感。政府支持多种多样的课内外活动，包括参观博物馆、旅游、地方志编撰等。在11～17岁阶段，鼓励中学生独立开展爱国主义教育活动，培养学生的社会适应力，帮助学生进行职业定位。在爱国主义教育方法方面，鼓励他们在实践活动中展现为祖国服务的能力。让他们多了解俄罗斯科技、文化等领域的伟大成就。通过校际专题竞赛、奥林匹克竞赛等活动，提高学生学术水平，使学生了解现代的俄罗斯。专业教学机构成为健康生活方式和高雅文化的价值观生产中心，如芭蕾舞学校、音乐学校、戏剧学校、少年体校、雕塑学校、建筑学校等。在祖国经典音乐、优秀民族歌曲、科技成就、工程思想中，让学生接受爱国主义教育。在18～24岁阶段，爱国主义教育集中于军事国防爱国主义教育、精神道德教育、文化教育等方面。高等教育机构设立俄罗斯历史与文化教研室，制定爱国主义教育纲要，根据专业课程特点，开设相应课程。高校加强同用人单位协作，特别是为天才毕业生自我实现创造条件，协助他们就业，学习阶段吸引其参加职业活动。在25～59岁阶段，爱国主义教育重点是发展创造性、有益于社会的劳动，通过组织志愿者活动等，提高公民的责任心，通过各种信息途径，宣传现代社会政治和经济进程，发展并保留国家的独特性。支持建立全俄和地区性爱国主义教育社团。在60岁及以上阶段，国家和社会承认老年人各类功绩，表彰老兵、劳动英雄、各领域突出成就者。

爱国主义教育有机融合教育教学，依托学校教育、俄语、优秀文学、音乐、舞蹈，培养爱国主义精神。《纲要》规定学校教育对开展爱国主义教育具有积极意义，利用学校教育推进爱国主义教育。《纲要》规定，爱国主义教育具有启蒙性质，学校教育旨在教育孩子尊重民族文化和传统。利用俄语语言文学魅力，增强本民族文化对儿童的吸引力，使其了解基本世俗伦理、传统宗教知识，尊重不同的宗教信仰。专业教学机构成为健康生活方式和高雅文化的价值观生产中心，如芭蕾舞学校、音乐学校、戏剧学校、少年体校、雕塑学校、建筑学校等。在祖国经典音乐、优秀民族歌曲、科技成就、工程思想中，让学生接受爱国主义教育。高等教育机构设立俄罗斯历史与文化教研室，制定爱国主义教育纲要，根据专业课程特点，开设相应课程。

第6期
世界主要国家天才儿童教育举措

高　露　编译

内容提要

　　天才儿童是国家战略性资源，是人力资源中最稀缺的部分，是提高一个国家国际竞争力的战略支撑。在基本实现教育公平的基础上，世界主要国家高度重视天才儿童教育，适时制定天才儿童教育法律政策，不断优化天才儿童教育法治环境，培育国家发展所需的各类拔尖创新型人才。世界主要国家坚持公平与卓越并重，融合多样甄选标准、形式，破除唯智商的天才儿童教育观，选拔资优儿童。融合官方与社会组织，创新天才儿童教育培养体系，使用个性化教育方法，满足天才儿童特殊需求，并将其特殊需求合法化。融合创新多路径选拔、培训天才儿童教育教师，为天才儿童教育提供坚实的人力支持。

　　第二次世界大战后，为了应对冷战形势下全面的战略竞争，特别是顶尖人才的竞争，美国和苏联等国高度关注天才儿童教育。21世纪以来，为了更好地抢占综合国力竞争的战略制高点，超前培养掌握未来核心技术的科技创新人才和具有创新思维的人才，世界主要国家天才儿童教育进入一个前所未有的新阶段，天才儿童教育政策展现出更加开放性、多样性、主体性的特征，力求最大限度地满足天才儿童的特殊需求，开发儿童无穷潜力，为国家和人类发展做出杰出贡献。

一 融合多样的鉴别标准与形式，健全天才儿童甄选机制

甄别天才儿童是天才教育的基础与前提，世界主要国家采用多元化标准、多样化形式和全面化内容识别天才儿童，从源头上保障天才儿童质量。

亚洲金融危机后，为了挖掘卓越人才，韩国将天才儿童教育纳入国家战略，拓宽天才儿童选拔范围，采用多样化识别标准。《天才儿童教育振兴法》明确规定天才儿童教育选拔对象，全国高中以下各级各类学校学生，某些特殊领域具有特殊才能者，或具有突出技能、创造力、创意能力以及其他各类才能突出的儿童。《天才儿童教育振兴法》明确规定，天才儿童选拔标准，采用多元智力鉴定标准，如学习成绩、智力、创造

力、成果和行为观察力，力求客观、公正地遴选出天才儿童。天才儿童鉴定程序由三个部分构成：第一，调取学生档案，包括学生成绩、教师评语、学生性格等；第二，韩国教育开发院研制评估工具，考查天才儿童特殊能力；第三，借助成绩评定，借助露营、实际操作、面试、行为评价等形式，综合性鉴定儿童能力。长期以来，新加坡坚持人才立国战略，充分发掘人才，确立天才教育分流选拔制度，这在一定程度上相当于一种金字塔式的精英教育模式。新加坡《天才教育计划》规定，在任何方面超出正常人，可厘定为"天才儿童"：智力超常、特殊才能、创造性思维能力、领导才能、视觉艺术和表演艺术才能、心理理解能力、运动能力。成立天才教育处，专门鉴别天才儿童。第一，面向 3 年级学业成绩突出学生。每年 8 月，3 年级学生均可参加第一轮筛选测试，测试科目为英语和数学。第二，每年 10 月，开展第二轮选拔测试，考察英语、数学、一般能力。第三，每年 11 月，设置 4 年级天才班，胜出者进入天才班。设立专门部门，负责鉴别与培养其他领域（如音乐、绘画、围棋、体育等）天才儿童。记忆能力超强儿童由家长申请特殊案例，通过专业测试后，儿童可直接进入天才班。第二次世界大战后，尤其是 1957 年苏联人造卫星发射成功，美国政府深刻反思教育体系，至此，美国将天才儿童教育作为一项国家战略，陆续颁布多部法律与系列公共政策。英国天才儿童选拔力求尽可能准确、公平和具有包容性。英国

《天才儿童教育识别技术指南》规定，天才潜质识别技术、天才识别流程技术和天才识别方法。天才儿童选拔标准和相应措施为：第一，运用一切手段和方法全面了解儿童能力，不因儿童种族、文化背景、语言差异、家庭环境等复杂社会因素差异，影响选拔标准的客观性；第二，学校制定标准，选拔标准要符合政府规定的质量标准规范；第三，在规定质量标准下，选拔标准和措施应具有灵活性，学生可自由灵活地加入或退出天才儿童群体。俄罗斯以竞赛为主，以补充教育为辅，发掘天才儿童，并不断完善竞赛体系，保障天才儿童选拔的公平与公正。《俄罗斯联邦教育法》第77条第2款规定，为发现天才儿童，支持天才儿童教育，联邦国家机关、俄罗斯联邦主体国家权力机关、地方自治机关、社会组织和其他团体负责组织与举办奥林匹克竞赛、创作竞赛、体育竞赛、其他智力竞赛，开发学生智力、创作才能、体育才能，激发儿童参与科研、创作、运动的兴趣，宣传科学知识。学生自愿参加竞赛，禁止相关部门收取费用，根据竞赛结果颁发奖金，以激励天才儿童。第77条第3款规定，为激发儿童创作才能和科研兴趣，向儿童宣传科学知识，俄罗斯联邦权力执行机关负责举办全俄中学生奥林匹克竞赛，确定竞赛科目清单和难易程度。联邦权力执行机关制定全俄奥林匹克竞赛举办的程序和期限，包括竞赛科目清单、竞赛结果、获奖证书样式等。为保障竞赛按照法定程序进行，根据本法第59条第15款规定，委托公民为社会观察员，有权出席竞赛，向俄罗斯联邦主体权力执行机关和地方自治机关报告违反竞赛程序的行为。

二　融合创新的天才儿童教育培养体系，满足天才儿童特殊需求

世界主要国家注重创新天才儿童教育培养体系，融合天才儿童教育机构形式，以社会组织与官方协力合作为实践路径，为天才儿童提供良好的平台和通道，同时采用个性化教育方法，设置系统性、针对性的课程，满足天才儿童教育需求，充分发掘天才儿童潜能。

设立多种类型天才儿童教育机构，不同类型教育机构可相互补充和相互衔接，为天才儿童提供多种选择机会和空间。韩国《天才儿童教育振兴法》第2条规定，韩国天才儿童教育机构分为天才儿童学校、天才儿童班级、天才儿童教育学院。第2条规定，为实施天才儿童教育，在高中以下各级各类学校中，国家可指定学校为天才儿童学校，国家可转换一部分学校为天才儿童学校，或重新设立天才儿童学校，以培养专门领域人才为对象，招生对象为天才儿童教育班和天才儿童教育学院表现优异者、具备卓越潜力者。第6条规定，为实施天才儿童教育，在高中以下各级各类学校中，国家或地方政府可将某学科整体或一部分设置成天才儿童班。第8条规定，市道教育

厅、大学、公立研究所、政府可同企业法人合作，设置与经营天才儿童教育院。第2条第6款明确规定，天才儿童教育院是指为实施天才儿童教育，依据《高等教育法》第2条规定设置的学校，学校设置附属机构。俄罗斯设置专门小组开展天才儿童教育，兼顾补充教育形式。《俄罗斯联邦教育法》第77条第5款规定，为发掘和培养天才儿童，可设立专门教育机构，实施"定制教育大纲"。《青少年补充教育机构类型条例》规定，补充教育旨在发掘天才儿童的创造性潜能，补充教育机构是儿童提升创造性的欢乐城。《发展与培养天才儿童有效方案》规定，成立专门天才教育机构，天才教育机构可分为不同类型，专司天才儿童教育。澳大利亚天才儿童教育集中于普通学校，同时开设特殊课堂和专门学校作为补充。澳大利亚《选拔性中学和机会课堂政策》规定，通过集中学校资源、采用特殊教学方法等措施，满足天才儿童特殊学习需求，全面促进天才儿童智力和情感发展。针对5年级和6年级的天才儿童，开设机会课堂。针对7~12年级的天才儿童，开设选拔性中学，包括完全选拔性中学和不完全选拔性中学两类。基于偏远地区的优秀学生，教育部设立极光学院，为其提供远程学习机会。与其他国家不同，日本天才儿童教育一直处于隐性状态。日本未设置固定教育机构，设置天才儿童教育项目，项目协同多方力量，共同开展天才儿童教育。文部科学省借助日本科学技术振兴机构、其他社会机构，开展多样化的校内外天才培养项目。以"下一代科学家育成项目"为例，文部科学省委托科学技术振兴机构，为天才儿童提供丰富的学习机会，旨在培养探究型未来科学家。通过支持大学开发和实施系统性教育项目，大学为中小学生提供体系性培养，构建天才儿童发展环境和通道。项目采取竞争申请方式，教育委员会、企业等将成为合作机构，大学、研究机构等作为实施机构，两类机构联合向科学技术振兴机构提出资助申请，受助机构定期向科学技术振兴机构提交项目实施报告，反馈项目实施情况。在具体实施过程中，受助机构通过各种方式发现理科资优儿童，让其参与到具体项目中，进一步发现具备较高科学探究潜力的未来科学家。除下一代科学家育成项目外，官方与社会组织开展各种天才儿童培养项目，如国际科学技术竞赛、科学训练营、未来科学家养成讲座、科学甲子园、国际科学校园等。

因材施教，设置系统性、针对性的教育方法和课程体系，为天才儿童提供恰当的教育服务，充分发掘其潜能。韩国《天才儿童教育振兴法》第2条规定，天才儿童教育是指以天才为对象，根据每个人能力和素质，制定教育内容和方法。美国《天才儿童教育法》规定，"天才儿童"是指在智力、创造力、特殊学术能力、领导力、行为表现、视觉艺术等方面，儿童具有不可估量的能力，学区与学校需要为儿童提供特殊服务，非一般学校可以满足其需要。美国形成多样天才儿童教育课程模式，可分为三类：充实课程模式、加速课程模式和自主学习模式。美国《教育改革方案》规定充实课程模式、加速课程模式和自主学习模式无统一教材和课程内容。充实课程模式分为三种模式，即综合性课程、补充课程、学生选修课程。加速课程模式是俗称的跳级。法国《面向未来学校的方向和计划法》第27条款明确规定，针对具有特殊资质的学生，学校要提供适宜的教育模式，充分开发学生潜力。在西班牙，普通学校负责天才儿童教育，使用个性化教育方法。《一般教育法和教育改革资助》第7章规定，给予天才儿童特殊关注，让其发展有利于自己、有利于社会的才能。普通学校开展天才儿童教育，要确保学校教育方案使用个性化的教育方法，帮助天才儿童发挥其智力潜能。《教育体制改革白皮书》规定，将心理教育评估、课程方案、特殊服务与帮助应用于天才儿童，要考虑不同学生的具体情况；提供丰富课程的技术与管理方法，以便让课程更好地满足天才儿童需要，如设置选修科目、提供多样化选择等。《教学质量组织法》第7章规定，天才儿童应获得教育当局特殊关注。为了采用更适合天才儿童的教育方法，教育当局采取必要措施，尽早识别和评估天才儿童需求。政府与自治区协商后，根据天才儿童年龄，为其制定灵活的教育体制。教育当局要采取必要措施，确保天才儿童所在学校根据其特点，培养天才儿童。采取更多有力措施，让天才儿童家长获得个性化咨询、关键信息，以帮助其更好地教育孩子。

三　融合创新的多路径选拔，培训天才儿童教师，提升教师专业水准

为确保天才儿童教育质量，美国、英国、韩国、澳大利亚等国非常重视天才儿童教育师资队伍建设，严把天才儿童教师准入关，加大天才儿童教师培训力度，构建具有视野开阔、理念先进、水平高超的师资队伍，为天才儿童教育发展奠定坚实的人力资源基础。

美国是培训天才儿童教育教师的先行者。美国《天才儿童教师资格标准》规定，天才儿童教师资格有两种不同标准。第一，天才儿童教育教师资格证书标准，通过制订专业的天才儿童教育培养计划，如天才教育硕博培养计划，参与者获取天才教育教师资格证书。第二，从事美术和表演艺术教学的天才儿童教育教师资格证书标准，有两种途径获取证书。一是通过学习相关内容，取得天才教育教师资格证书，培训项目的负责人须指导教师选择适合的课程，提升教师教学水平。二是通过层层考核获得资格证书，有以下要求：在一段时间内，在艺术或创新能力方面，教师有杰出表现，并且要获得专业性机构认可。除了严格规范教师资格外，美国也重视天才教育师资培训。美国天才儿童协会、天才儿童委员会出台《天才教育教师知识与技能标准》，该标准规定天才儿童教育教师知识与技

能标准，指明天才教育教师培养方向和考核要求。标准1规定，天才儿童教育以哲学、事实根据为基础，教师了解相关法律和政策，正确看待不同的历史观点、人类问题，教师理解天才儿童教育理念，了解天才儿童甄别方式、教学设计、教学实施、天才儿童计划评估等。多元文化如何作用于家庭、文化和学校，各种因素对天才儿童教育的影响。标准2规定，教师掌握天才儿童智力、学业、创造性、领导力、艺术等领域的认知和情感特征。标准3规定，教师理解天赋对天才儿童未来发展的影响，信仰与价值观对天才儿童的影响，将差异性文化合理地融合到教学。标准4规定，为培养天才儿童批判性和创造性思维，提升天才儿童问题解决能力，学习特定领域技能，要运用高层次思维和元认知模式，以满足天才儿童需要。标准5规定，重视天才儿童社会性和情绪发展，为天才儿童创建优质的学习环境，培养天才儿童的自我意识与自我效能感，构建师生互助的同伴关系，提升天才儿童社交技能。教师培养天才儿童的社会互动和应对技能，天才儿童具备应付个人和社会问题的技能。标准6规定，语言与交流。掌握与天才学生交流的关键方式与方法，考虑文化多样性对师生交流的影响，文化、行为、语言对天才学生发展的意义，制定有效发展策略，提高天才儿童交流技能，使用高级口头和书面交流工具，以增强天才儿童学习经验。标准7规定，针对天才儿童的差异性课程，要求为天才儿童设置差异性课程，拓展内容深度，课程具有超前性和挑战性。标准8规定，识别与评估天才儿童。掌握天才儿童识别过程和步骤，记录天才儿童学术成长过程、局限性，利用公平公正的方法识别天才儿童，利用定性和定量相结合的评估方式，识别天才儿童。基于分化课程评估结果，制定教学指导策略，综合评估评价天才儿童实践状况。标准9规定，在天才儿童教学过程中，评价个人技能与不足。与天才儿童进行持续性交流，尊重天才儿童间存在的差异性，开展多种类型的天才儿童教育活动，积极参加天才教育实验研究，参与天才儿童教育活动，反思个人实践，提高天才教学水平，促进教师自身专业成长。标准10规定，与天才儿童、家庭、学校教职工和社区合作，及时反映天才儿童家庭所关心的事情，维护天才儿童利益，与儿童、儿童家人、普通教育者、特殊教育者以及学校其他的职工合作，建立有效衔接学前教育和中学教育的项目，在天才儿童教育督导评估中，评估机构同天才儿童的家庭、社区和专家合作，评估人员与学校教职工谈话，谈论内容为天才儿童的个性特征。

英国《天才教育教师专业标准》明确规定，天才教育教师必须满足普通教师标准，其需要具备两年以上实践经验，教师发展培训机构（TDA）考核合格者，方可成为天才教育教师，此外，还要满足英国天才儿童教育教师专业标准。第34条第1款规定，教师全面了解天才儿童，如天才儿童特殊天赋、才能、学习需求；了解课程形式，天才儿童课程分为加速性课程、拓展性课程（侧重于能力开发）、充溢性课程（充实内容）；设计天才教育教学活动，清晰使用教学资源等；提高学生学习技能，令其逐步形成独立自主学习的风格，激发学生学习动机和兴趣。第34条第2款规定，创造适度的学习环境，天才教师同学生建立伙伴关系，提高学生思考能力，养成独立自主学习的习惯，鼓励学生建立合作性学习模式，需要及时调整其教学策略，满足学生的特殊教育需求。天才教师要合理利用各种资源，充分发掘学生天赋。第34条第3款规定，从认知角度，认识天才儿童教育。在天才儿童教学活动中，教师要发挥其他学科教师的作用。教师要考虑全纳教育、机会均等政策。从课程、教学策略、教学目标、教学态度等角度促进学生发展。依据学生各自情况，教师制订学生独立自主学习计划。遵循合作性原则，有效利用校内学习资源和校外资源等。

韩国侧重于天才儿童教师在职培训，严格规定天才教师培训内容与时间。韩国《天才儿童教育振兴法》规定，从事天才教育者需要获得教师资格证书，修满培训课程学分，培训课程由国家教育学院和教育部、科学技术部共同认证。大力开展不同类型研修，即基础研修、深入研修、海外研修，提升天才教师专业能力。教育部、科学技术部、省教育厅负责监控研修质量，培训时长平均为60小时，特殊培训课程为120小时，海外培训时长为2~4周。澳大利亚《天才教育：教师发展规划》明确规定,天才儿童教师积极促进天才教育发展。教师专业发展规划包括6个模块:理解天才儿童概念;辨识天才儿童;促进天才儿童的社会性发展和情感发展;了解天才儿童进步情况;为天才儿童提供个性化课程;为天才儿童制定天才儿童发展项目。

第7期

转轨的踌躇

——俄罗斯学位制度改革述要

公 蕾

内容提要

苏联解体后,俄罗斯为了适应市场经济发展,融入欧洲高等教育一体化进程,根据本国实际情况和全面转轨的需要,大力推进教育国际化进程,不断深化高等教育改革,学位制度改革作为关键环节,其进程与问题值得关注。俄罗斯在保持学位制度传统特质性前提下,通过相关法律法规的调整,经过二十多年的改革,基本形成了学士—硕士/文凭专家—副博士—博士四级学位体制。俄罗斯现行双轨制学位制度仍存在问题,突出体现在副博士学位,副博士是俄罗斯与国际通行学位制度接轨的障碍,也是俄罗斯学位制度特质性的标志。副博士学位何去何从,俄罗斯至今仍一筹莫展。

一　改革背景

俄罗斯学位制度脱胎于苏联学位体系，后者则承继了沙皇俄国学位制度并有所创新。提纲挈领地梳理俄罗斯学位设置变迁和制度变革的历史过程，有助于厘清并把握俄罗斯现行学位制度。

19世纪初，为了加强人才培养，适应本国资本主义发展需求，积极借鉴西方国家（主要是普鲁士）学位设置经验，沙皇俄国开始建立学位制度。1804年，沙皇政府颁布《大学章程》，标志着俄国学位制度初步形成。此时的学位制度，包括三个层次：副硕士—硕士—博士。1884年，沙皇政府修订《大学章程》，取消副硕士学位，本科毕业生不再授予学位。自此，硕士—博士两级学位体制一直延续到1917年俄国十月革命。

十月革命后，大学本科教育主要培养实践领域专家，学制5~6年，本科毕业生获职业性（如工程师、医生、教师等）专家资格证书，没有学位。1934年，苏联人民委员会通过了《关于学位和学衔的决议》，确立了副博士—博士两级学位制度，形成了独具特色的学位制度。

苏联解体后，俄罗斯进入从计划经济体制向市场经济体制全面转轨的新历史时期。融入全球市场经济体系，是俄罗斯与国际接轨、重返昔日大国地位的国策，高等教育是实现这一进程的有效途径。然而，苏联时期本科教育培养的文凭专家，无法满足市场经济和全面转轨对人才的需求；苏联学位制度中的副博士学位，虽然培养出大量工程技术、医学、物理数学等学科的优秀人才，教育质量也受到国际认可，但副博士学位与国际通行的学位体制无法对应，阻碍了俄罗斯专业人才培养的国际化进程，迟滞了俄罗斯高等教育与国际接轨的步伐。俄罗斯意识到，学位制度变革势在必行，但本国学位制度的特质性也不能抛弃。于是，在全面转轨的历史条件下，俄罗斯开始了学位制度改革。现行学位制度，集中体现了俄罗斯在全面转轨中的踌躇。

二 俄罗斯现行学位制度

（一）改革的基本情况

1992年3月，俄罗斯教育与科学部发布《关于建立高等教育多级结构的决定》，规定高等教育多级结构改革的重要内容，就是增加学士和硕士两个学位层次。自此，俄罗斯高等教育层次结构显著改变，形成了学士—硕士—副博士—博士四级相互衔接的多级体系。

1996年8月，俄罗斯国家杜马颁布《俄罗斯联邦高等和大学后职业教育法》，进一步规范高等教育改革。按照该法，俄罗斯高等教育体系称为高等职业教育，结构上划分为高等职业教育和大学后职业教育两个阶段。高等职业教育阶段分为三个层次：不完全高等职业教育、基础高等职业教育和完全高等职业教育。大学后职业教育分为副博士教育和博士教育，与高等职业教育阶段第三层次衔接。

高等职业教育第一层次——不完全高等职业教育，侧重培养学生的基础知识和基本技能，是高等教育的初级阶段；学制2年，结业者获发不完全高等（高等专科）教育证书，不获得学位；完成此层次学习的人员灵活性较大，既可继续接受高等教育，又具备从事实际工作的职业能力。第二层次——基础高等职业教育，包括技术、文化、科学等所有领域的教育，学生可以获得基本的科学素养和职业知识；学制4年，学生毕业后获得高等教育毕业证，获发学士学位。第三层次——完全高等职业教育，培养具备高深专业知识和能力的专门人才，主要分为两个培养方向：应用型和研究型。在完成第二层次教育的基础上，学生若继续学习一年，考核合格者可获得相应专业的专家资格证书；若继续学习两年，即完成硕士学位规定的所有课程，可获得硕士学位。如此，俄罗斯学位制度在保留苏联学位制度传统和相对独立性的同时，也体现了俄罗斯融入欧洲教育体系的努力，为学生和人力资源市场提供了多样选择。

2003年9月，俄罗斯正式签署《博洛尼亚宣言》，加入欧洲高等教育一体化进程。俄罗斯希望通过此举，与欧洲各国实现高等教育一体化。拥有专家文凭或硕士学位的人员，可以继续接受大学后职业教育，攻读副博士和博士学位，两者学制均为3年。只有获得副博士学位后，才能继续攻读博士学位，这与一些西方国家允许学士学位获得者直接攻读博士学位的规定有所不同。

专家文凭和硕士学位证书属于同一等级的学历证书，除了俄罗斯，世界各国教育体系中没有"专家文凭"，因此其在国外一般被认定为相当于硕士学位层次。俄罗斯副博士学位的英文翻译中标有PhD字样，在西方国家被视为博士学位。俄罗斯的博士学位获得者大多是专业领域的卓有建树者，具有丰硕的学术成果和严谨的治学态度。虽然俄罗斯向外国留学生开放攻读博士学位，除了理工农医，文科类外国留学生很难获得博士学位。1995年，中俄两国签署高等教育学历互认协定，规定俄罗斯的学士学位、专家文凭/硕士学位分别等同于我国的学士学位和硕士学位，副博士学位相当于我国的博士学位，俄罗斯博士学位在我国没有对应的学位，相当于德国、法国的国家博士。

苏联解体后，俄罗斯既保留了苏联时期专家文凭、副博士学位，又增设了西方国家的学士、硕士，加快了高等教育国际化步伐。由于俄罗斯联邦政府允许高校在新旧学位制度间自主选择，新的学位制度推行动力不足、力度不大，俄罗斯社会认可度不高。由于没有对学士和硕士获得者的待遇做出明确规定，导致俄罗斯多数高校仍延续专家文凭教育，多级学位制度实行情况不乐观。

2007年5月，俄罗斯国家杜马通过《关于引入两级高等教育体制的法律草案》，规定自当年9月1日起，俄罗斯全面实行新的高等教育体制。新体制明确将原来的专家文凭层次拆解为学士＋硕士两级体制。学士修业3～4年，旨在培养达到高等教育水平的普通人才，毕业生获得学士学位，有资格通过考试进入硕士阶段学习。硕士修业2～3年，主要培养具备科研能力、从事设计分析工作的研究型人才，硕士阶段的高等教育是进入研究生院深造的基本条件。《法律草案》对俄罗斯高等教育层次结构进行重大改革，规定少数高校某些专业（如医学专业、师范专业）仍保留"专家"教育（修业年限仍为5～6年），确保该类专业精英型人才培养的生源储备，其他高校均取消专家文凭培养。保留"专家"教育的高校及专业须由联邦教育部审核批准。经过这次改革，俄罗斯全面实行了学士—硕士—副博士—博士的四级学位制度。

2012年俄罗斯《教育法》规定，高等教育层次结构分为学士、专家/硕士、高端人才培养三个阶段，学位制度不变。高等教育第三阶段——高端人才培养，主要满足高校研究生院、军事院校、医学院校和艺术创作领域的硕士学位或专家文凭获得者继续深造的需求，强调学生不仅应具备深厚、扎实的理论知识和专业技能，还需参加专业实习，经过实际工作历练，成为理论与实践能力兼备的专门人才。从苏联沿袭至今的5~6年本科教育学制，以其专业性强、教学和实习期长、毕业生质量高，在国际上占有一席之地。学位制度改革后，学士学位学制缩短，原有的培养质量标准无法达到。

（二）学位双轨制

目前，俄罗斯高等院校中，既有实行学士—硕士—副博士—博士体制，也有坚持学士—专家文凭—副博士—博士体制，还有两种学位制度在一些高校中同时实行的情况（见图1）。为落实《博洛尼亚宣言》，2010年12月3日之后，俄罗斯学士和硕士学位已成为大学毕业生获得的主要学位。双轨制既保留了俄罗斯学位制度特色，又兼顾了全面转轨的多样化需求。

```
        硕士
学士  ⤨      ⤨  副博士 → 博士
       专家文凭
```

图1 双轨制学位体制

放管结合，确保学位授予程序的权威、公正。俄罗斯教育科学部设置最高学位委员会，负责全国的学位授予工作，负责学位重大问题决策。最高学位委员会按照学科设置专家委员会，鉴定各专业论文的学术水平，保证学术鉴定标准的一致性，同时监督答辩委员会的工作。答辩委员会由最高学位委员会根据学科、专业分别设置，承担相应领域学位的申请、答辩工作。2002年1月，俄罗斯联邦颁布《学位和学衔统一目录》和《学位授予程序》，对学位论文授予的全过程做出具体规定。

学位鉴定委员会和学位答辩委员会接受最高学位委员会监督、检查，为后者最终授予学位提供了基本依据。各环节分工明确，互相协作又互相制约，有效保障了学位授予过程的公正、有效。

随着新学位体制逐步推进，俄罗斯联邦政府授予一些高校无须最高学位委员会审定、独立授予副博士学位的权力。自2016年9月1日起，国立莫斯科大学和国立圣彼得堡大学率先获得这项权力；① 自2017年9月1日起，这一范围扩大到21所高校和4个科研机构。② 虽然"副博士"学位不符合俄罗斯在2010年前加入欧洲高等教育一体化的目标，但适合俄罗斯人才培养实际情况，目前尚不可能将其从学位制度中剔除。

新的学位设置突出学术性。除部分专业（如军事、医学学科）保留专家文凭培养（应用型教育）外，硕士学位已经

---

① Федеральный закон от 23 мая 2016 г. N 148 – ФЗ "О внесении изменений в статью 4 Федерального закона"О науке и государственной научно-технической политике". статья 2. https：//rg.ru/2016/05/25/nauka – dok.html.

② О перечне научных и обрадовательных организаций, которым предоставляется право самостоятельно присуждать ученые степени. http：//government.ru/docs/28951/.

成为俄罗斯学生继续深造的主要选择。硕士培养以学术性为主，在读期间，硕士生制订个人科研计划，跟随导师从事科研工作，科研内容占其培养大纲要求的全部学习内容中的一半以上。副博士和博士学位同样强调学术性，二者要求学生具有较强的科学素养和扎实的理论知识，后者对学术成果尤为看重。不过，突出学术性并不表示忽视实践能力，二者培养目标包括培养学生独立开展科学研究和教学活动的实践能力。

同时，俄罗斯十分重视学士学位的学术性。2008年，俄罗斯联邦颁布《教育与创新经济发展：2009~2012年推行现代教育模式国家纲要》，指出高等教育重点是学士培养，既包括应用型，也包括学术型。目前，俄罗斯学士培养大纲扩展了通识教育比例，加强了人文、社科、外语、信息技术等的教学。

三 存在的问题

俄罗斯学位制度经过20多年改革，取得了阶段性成效，仍存在以下问题。

（一）学士和硕士学位含金量受到质疑

学位制度改革后，苏联时期质量高、声誉好的专家文凭教育一直在俄罗斯国内颇受认可。融入欧洲高等教育一体化进程后，俄罗斯努力提高学士学位地位，使之适应劳动力市场需求，但人们仍对学制4年的学士学位教育质量存疑。特别是工科技术领域，雇主认为工科学士并非相关领域的专家，不愿雇用具有工科学士学位的人员。因此，工科学士学位被当作获得硕士入学资格的门票，很少进入就业市场。同时，总学制6年的学士和硕士教育仅比专家文凭学制多一年，硕士学位存在的必要性也受到质疑。

（二）副博士学位

俄罗斯签署《博洛尼亚宣言》，按照《博洛尼亚宣言》的要求，改革学位体制，实行学分转换体系等，俄罗斯高等教育层次结构和学位制度基本已经成型。按照《博洛尼亚宣言》规定，俄罗斯应实行学士—硕士—博士三级学位制度，与国际通行学位制度一致，这与俄罗斯现行的学士—硕士—副博士—博士四级学位制度尚无法完全兼容。如何处理"副博士"这一学位层次，实现与国际通行学位制度无缝对接，是俄罗斯学位制度改革的关键问题。若取消"副博士"学位，目前完全没有可能性；若"副博士"对应博士，西欧北美国家完全不可能接受。副博士是俄罗斯与国际通行学位制度接轨的障碍，也是俄罗斯学位制度特质性的标志。

第8期
日本公立义务教育教师轮岗制度化机制

崔 硼

内容提要

目前，日本教师轮岗制度分为市、町、村内部流动和跨县级流动两种运行机制。同时，每年公立义务教育教师轮岗率相对固定，避免教师队伍出现大幅度波动。日本公立义务教育教师轮岗可持续发展，得益于健全的法制化制度体系、完善的财政保障机制、偏僻地区教师倾斜待遇。

明治维新前，在幕藩体制下，日本学校教育分为政府举办的"官学"和私人的举办的"私学"，教师整个职业生涯大多在一个地方度过。明治维新后，特别是"废藩置县"改革，使日本"脱亚入欧"、全盘西化，教育体系仿照普鲁士模式，义务教育教师开始有一定的流动性。第二次世界大战后，日本普遍实行教师轮岗制度。1945年8月15日，日本裕仁天皇宣布投降。世界反法西斯同盟国家正义力量战胜了日本军国主义，战败使日本国民财富总额较1935年降低了25.4%，近550万人在战争中死伤，1/3的工业基础设施遭破坏，整个经济陷入瘫痪，人们每天都在饥饿线上挣扎；军国主义的精神支柱瓦解之后，整个国家出现了思想上的迷茫，扒窃、抢劫、强奸、凶杀等违法乱象层出不穷。面对战后的严峻局面，日本朝野意识到，只有通过教育，才能重塑国民精神，实现国家复兴。在战后重建伊始，为了基础教育均衡发展，合理配置师资资源，日本建立教师定期轮岗制度。目前，日本教师轮岗制度分为市、町、村内部流动和跨县级流动两种运行机制。同时，每年公立义务教育教师轮岗率相对固定，避免教师队伍出现大幅度波动。

一　日本教师轮岗制度的主要内容

（一）轮岗制度的主体及形式

日本教育体系中的轮岗制度有时被称为"教师轮岗制度"，其实这一称呼并不准确，教师的确是轮岗制度的主体，但并不是唯一的主体。日本教育体系中的轮岗制度不仅是针对教师实施，包括各级学校的管理人员，特别是高级管理人员，如校长、教务主任等。轮岗制度主要在公立学校中实行，包括小学、初中、高中和各类职业技术学校。

轮岗的对象，日本国内各府、道、都、县都有各自详尽的规定，但其核心内容不变。以东京都为例，东京都教育委员会在每年11月上旬根据管辖区域内的实际情况，将下一年度教职员工轮岗制度实施相关细则、运行办法、重点要求向社会公开发布，符合要求并自愿轮岗的教师可以向学校提交申请和意向表，校长在收集整理后，通过办公会议讨论通过，最后上交给上级主管部门审核。经批准，轮岗的教师即可在下一年4月新学期开始前就位，在新的岗位上进行教学工作。对于轮岗主体的资格，东京都教育委员会也有详尽的规定：凡是连续在一所学校从事一线教育10年（含）以上或新入职教师教龄6年（含）以上者，可以申请轮岗，而处于妊娠期、哺乳期、长期旷工或新婚者、任教时间3年（含）以下及57岁（含）以上者，则不提倡轮岗。

轮岗的形式：第一，在同级同类学校之间流动，例如从小学流向小学、从初中流向初中、从高中流向高中等；第二，在公立义务教育各类学校之间流动，如从高中流向特殊教育学校、从初中流向小学等。这两种形式确保教职人员，特别是教师中的优秀人才资源实现共享。

轮岗的频率：法律规定，一位教师在同一学校任教不能超过6年。排除地区差异，总的来说，基础教育阶段公立学校教师平均轮岗周期为 6 年一次，校长多为 3~5 年流动一次，轮岗频率制度化规定基本能够落实。

（二）轮岗制度的组织实施

日本公立义务教育教师人事管理权限在都道府县教育委员会。市镇村教育委员会接收市镇村学校呈报的教师调转材料，再转呈给都道府县教育委员会，由都道府县教育委员会调配。都道府县级学校教师调转，由各学校校长呈报都道府县教育委员会，由其调配。当学校教师出缺时，都道府县教育委员会可通过聘任、晋升、降级、调转等方式对教师进行重新任命。校长则由所在地区教育行政主管部门直接任命换岗，校长本人也可以提出换岗申请。具体实施办法：每年 11 月上旬，由县一级教育委员会发布教师定期流动的实施细则，包括流动的地区、流动的原则、流动的要求等。所有具备条件的教师都要填写一份调查表，其中包括教师流动的意向等。最后，校长与符合流动条件且愿意流动的教师进行商谈，在充分尊重本人意愿的基础上决定流动人选，并呈报上一级主管部门审核，最终由县（都道府）教育委员会批准，到下一年 4 月新学期前全部完成教师的流动。

截至 20 世纪末，每年日本小学和初中教师流动率接近 20%，在同一行政区域内流动教师占教师总数的 55.3%，偏远地区与发达地区教师间双向流动率保持在 18.2% 左右。

二 教师轮岗制度的法治保障

日本公立义务教育教师轮岗,需要遵从本人意愿。如何调动教职员工的积极性,保障其合法权益,促进轮岗制度可持续发展,是教育行政主管部门面临一大课题。经过近70年的实践探索,日本形成了法治化的公立义务教育教师轮岗复合保障机制。

(一)建立健全的法治化制度体系

依托《教育公务员特例法》、《教师公务员法》、《公立义务教育诸学校教师薪酬的特别措施法》等教师轮岗指导性法律,加之《关于国家公务员寒冷地津贴的法律》和《关于学校教师地域津贴的规则》等鼓励教师从发达地区向贫困地区流动的法律,日本构建了完备的教师轮岗法律体系。日本教师轮岗法律体系建立以来,教师的社会地位日益提高,成为受人尊敬的国家公务员和令人羡慕的职业,其收入在整个社会中属于上等,甚至有"一人成师,全家受益"的说法。

特别值得一提的是,为提高偏远地区教师的待遇,解除教师的后顾之忧,1954年日本《偏僻地区教育振兴法》将保障偏远地区教职员工基本住房和生活福利作为市、町、村教育主管部门的职责之一,对在偏僻地区或条件艰苦学校工作的教师发放相当于工资的 25% 的"偏僻地区津贴";职称评定时,也会将该教师在之前学校的工作经历计算在内,对曾在偏远地区任教的教师也会给予特别关注。上述措施调动教师参与轮岗特别是向偏远地区流动的积极性,有效地促进了地区间和校际师资水平的均衡发展。

(二)完善的财政保障机制

日本政府实施《义务教育费国库负担制度》、《县费负担教师制度》、《教师相关津贴规则》、《关于学校教师地域津贴的规则》、《关于学校教师通勤津贴的规则》、《关于学校教师期末津贴的规则》、《关于学校教师勤勉津贴的规则》等,覆盖了所有相关的领域。凡是与教师定期轮岗制相关的财政保障措施等,均能找到与之对应的政策、法律条文,做到了有规可循、有法可依。同时,在具体的实施过程中,各级政府部门和学校都严格遵守这些法律和政策规定,保障每一位轮岗教师的权益。具体实施效果可以从如下几个方面加以了解。

一是文教经费投入的增长速度远远超过 GDP 的增长速度。文教费是日本国家、都道府县以及市町村中从公共财政支出的、用于教育文化方面的费用。日本文教费的来源分成两大部分:国家负担和地方负担。日本 1949 年 GDP 是 33752 亿日元,到了 2010 年,GDP 增加到 4792046 亿日元,差不多是 1949 年的 142 倍;而日本 1949 年的文教费总额为 1237 亿日元，2010年228177亿日元的文教费总额是1949年的近185倍。如果以半个世纪作为一个单位的话，GDP为166806亿日元的1960年与2010年（4792046亿日元）相差近28倍，而1960年文教费总额（6125亿日元）与2010年（228177亿日元）相差36倍多。由此不难发现，在《义务教育费国库负担制度》等法律法规的支撑下，日本中央和地方各级政府对教育事业投入的空前重视。

二是教师工资居于日本社会各职业收入榜的前列。日本文部科学省统计，比较2001～2005年日本中小学教师与一般行政职员的平均月薪，一般行政职员的月平均收入比教师的月平均收入少11323日元。日本教师工资的构成：基本工资、教职调整额和各种津贴。教职调整额比较固定，即为每月基本工资的4%。基本工资，每一个地区均有一个官方统一公布的"教员工资表"，该表依据教师工作的复杂、难易度等划分等级，在每一个等级中再依据教师的学历、工作年限、业务娴熟程度等划分为各级"号给"。如东京都教育委员会将教师工资划分为六个等级和177个号给，又比如001级号给的第一等级的月工资为146000日元，而001号给的第六等级的工资则为383100日元，号给级别越高工资越高，等级越高工资也越高。2015年日本文部科学省统计数据，一般行政职员的月平均收入为399128日元（按2015年12月份平均汇率计算，约等于人民币19956.4元，下同），而同等级的教师为410451

日元（人民币 20522.55 元）。在各大收入排行榜上，无论是月平均收入，还是基本工资，日本中小学教师均居收入排行榜前茅。

三是日本教师的津贴种类繁多。概括而言，主要有三类，即基本津贴、普通津贴和特殊津贴。基本津贴是按照教师工作年限和工作状况发放，如抚养津贴、地域津贴、通勤津贴、住房津贴、单身赴任津贴、值班津贴、管理职位津贴等；普通津贴则是完成学校交代的特定任务后才能领取，相较于基本津贴有一定的范围和级别限制，如特殊业务津贴、期末勤勉津贴、义务教育教师特别津贴、夜间教育津贴等；特殊津贴只对在特定地区（一般是苦寒地区）工作的教师发放，是一种奖励性津贴，如寒冷地区津贴、偏僻地津贴、特别地区勤务津贴、长距离人事调动津贴等。

（三）偏僻地区教师倾斜待遇

根据《日本国宪法》和《教育基本法》，通过《偏僻地区教育振兴法》等一系列法律，辅以相关的法规、政策以及地方性的规程，日本建构起一套通过提高偏僻地区教师待遇，进而提升师资质量以及偏僻地区教育质量的教师倾斜待遇保障体系。

为落实偏僻地区教师倾斜待遇，第一，颁布并实施《偏僻地区教育振兴法》、《偏僻地区教育振兴法施行令》、《偏僻地区教育振兴施行规则》、《离岛振兴法》、《离岛振兴法施行令》、《过疏地区自立促进特别措施法》、《义务教育费国库负担法》、《公立义务教育各学校教育职员待遇等的特别措施法》等；第二，以都道府县名义出台的规程或规则，如《学校教职员地域津补贴规则》、《市町村立学校教职员通勤津补贴规则》等；第三，以国家名义出台的专门针对某一地区的法律法规，如《奄美群岛振兴开发特别措施法》、《奄美群岛振兴开发特别措施法施行令》、《小笠原诸岛振兴开发特别措施法》、《小笠原诸岛振兴开发特别措施法施行令》、《冲绳振兴特别措施法》、《冲绳振兴特别措施法施行令》等。可以看出，日本关于偏僻地区教师倾斜待遇政策的法制保障体系已经达到了相当完备的程度，充分实现了有法可依和有章可循。健全的法制保障机制是保障偏僻地区学校教师权益、消除教师对偏僻地区的厌倦心理、推动偏僻地区教师倾斜待遇政策得以落实的关键所在。

日本的教育轮岗制度发展和成熟于第二次世界大战后，这一制度设计的初衷是要解决城市中的各级学校，特别是义务教育阶段学校等级化和城乡二元教育分化的问题，这些问题产生于急速城市化和农村衰败化并存的时代。这一制度是符合日本国情和发展水平的，在教育法治的保障下，它促进了不同地区、不同学校、不同层次教育体系的多渠道双向甚至是多向流动，这种流动让日本的教育充满了活力。

第9期
日本：依法实施教育惩戒 禁止体罚

崔 珊

内容提要

第二次世界大战后，日本通过立法，严禁体罚学生。日本《学校教育法》第11条规定：校长及教师，认为在有必要的情况下，可对成年学生、未成年学生实施教育惩戒，但不得体罚。事实上，即使像日本这样在法律层面明确规定禁止体罚的国家，也难以完全避免体罚。由于体罚与合法惩戒之间的限度没有清晰的界别，日本体罚学生禁而不绝，时有发生。针对校园体罚的实际情况，日本政府治理校园体罚问题的举措主要是建章立制，惩处校园体罚行为，预防校园体罚，规范学校依法实施教育惩戒、区别惩戒与体罚，促进教育惩戒的法治化。

一 日本校园体罚问题

2012年12月,日本大阪市立樱宫高中一名2年级的篮球队队长,因不堪忍受教练的体罚而自杀。此消息一出,立刻引起了包括日本政府在内的社会各界的广泛关注。2013年1月,文部科学省发布《关于坚决禁止校园体罚和实施调查校园体罚实际情况的通知》(平成25年1月23日付24文科初第1073号),要求各级各类学校坚决禁止体罚,要求各地上报已发生体罚事件的调查报告。由此,文部科学省以樱宫高中为重点,联合全国都道府县教育委员会共同开启了围绕校园体罚问题的实态调查。

此项调查以国立、公立、私立的中小学、高级中学、特殊教育学校、高等专门等学校为对象展开,相关调查报告显示:2012年度日本全国发生体罚件数超过6700件。其中,公立小学、初中、高中等学校因体罚学生受到惩戒处分的教师人数上升至2253人,创历史最高纪录。这一数据是2011年度的5.6倍。按照惩戒内容人数来看,3人被免职、16人被停职、90人被减薪、67人被处以警告处分。另外,有2077名教师被处以训诫处分。总计2253人因体罚学生受到处分,占全体教师人数的0.24%。按照学校类别来看,小学共有652人,占29%;初中学校有1093人,占49%。高中学校共有488人,占22%。被这些教师体罚的学生人数达到4686人。都道府县具体情况，长崎县因体罚学生受处分的教师最多，为432人。山形县为零。

2013年5月，日本京都市教委宣布，经调查，2012年该地区市立中小学校共有54名教师对学生进行了体罚，相较3月向日本文部科学省第一次汇报增加了35名。其中，某中学男子篮球部一名40岁男性教师，在一次训练后殴打学生，致其鼓膜损伤；某中学女子芭蕾部一名20岁女性教师，因学生犯错而用球砸其脸部，致其流鼻血。京都市教委表示，体罚学生的54名教师中，小学教师10名、初中教师42名、高中教师2名。在实施针对体罚问题的调查后，其中19名教师上报日本文部科学省。遭受体罚的学生由原来统计的148人增至260人，其中受伤的学生由5人增至8人。

文部省联合各地教委开展的实态调查结果显示，虽然国家在法律层面已做出了严禁体罚的规定，但是体罚发生率未见下降。2013年8月，文部科学省发布《关于坚决禁止体罚的方案（通知）》（2013年8月9日至25日文科初第574号文件），指出："至今为止，关于体罚问题的实态调查和报告不够彻底、深入、完整，没有切实反映问题本身的真实性、严重性、全面性，要坚决予以纠正。"同时还强调：要强化体罚预防的制度体系建设，从根本上解决校园体罚问题。

二 治理校园体罚问题的举措

（一）对校园体罚行为的惩处

2013年6月，日本文部科学省公布教师体罚学生的调查统计数据。截至2013年1月，实施体罚的公立学校752所，有体罚行为的教师840名，被体罚的学生1890人。但通过对学生及其监护人分别进行问卷调查发现，如果把轻微体罚算在内，2012年被体罚的学生人数超过一万名。另据统计，2003~2013年，日本中小学教师因对学生实施体罚受到相应纪律处分的人数平均为每年400人左右。

面对每年如此多的纪律处分案例，一部分人则认为对公立学校教师的惩戒太轻。例如，在日本，对公务人员非公务酒驾行为，即使没有造成交通事故，也会被革职查办。但是，在校园体罚问题上，即使受害者是未成年学生，被革职查办的教师也微乎其微。不仅如此，未成年学生被体罚致伤，也不会给教师惩戒，大多仅以训导告诫草草了事。

2013年3月，文部科学省发布《关于坚决禁止体罚和理解未成年学生的指导意见》，要求教育委员会对具有校园体罚行为的教师进行严肃处理，同时要求校长在体罚事件发生后，向教育委员会做出报告。2013年8月，文部科学省发布《关于坚决禁止体罚的方案（通知）》，进一步明确对以下三种情况要给予实施体罚的教师更加严厉的处分：①教师体罚未成年学生致受伤；②教师频繁体罚未成年学生；③教师体罚学生隐瞒不报。

（二）预防校园体罚

《关于坚决禁止体罚和理解未成年学生的指导意见》（以下简称《指导意见》）就"防止体罚"和"有组织性的教导体制"提出以下几点意见。

第一，《指导意见》就"防止体罚"方面指出：①要深入推进实施校内研修，彻底纠正教师关于体罚教育的认识，坚决杜绝"特殊情况下施行体罚也是迫不得已"等此类错误想法的滋生，做到防患于未然；②教师个人不得自作主张隐瞒不报，应主动向上级汇报；③学校主要领导要在学校层面进一步健全完善相关体制机制，杜绝日常体罚事件的发生。

第二，《指导意见》就"有组织性的教导体制"方面指出：①一旦教师目击到其他教师实施体罚，应立即向学校主要领导汇报，学校要全面准确地把握校内体罚教育的实际情况；②当有疑似体罚事件发生时，相关调查务必要做到客观公正，实事求是，经得起推敲检验；③当体罚事件被确认时，校长本人应亲自训诫实施体罚的教师，制定应对类似事件再次发生的对策，并向教育委员会做出报告。

另外,《指导意见》强调,以大阪市立樱宫高中发生的体罚事件为契机,社团活动作为学校教育的重要一环,不应单纯追求"有效果""出成绩"等目标,还要在不与教育活动脱节的前提下适当推动。要求学校负责人"坚守教育活动的使命,适当监督;而不是委托社团活动顾问全权处理"。

三 学校依法实施教育惩戒

从全球范围来看,体罚教育经历了从废除到恢复的过程。现代国民教育初创时期,不少国家废除了体罚制度,如1783年波兰、1845年卢森堡废除了体罚。1989年联合国《儿童权利公约》,明确规定"学校执行纪律的方式应符合儿童的尊严";应确保儿童"不受酷刑或其他形式的残害,不人道或有辱人格待遇或处罚"。但是,在学校教育实践中,不论是教育管理者,还是家长乃至教育专家都提出这样的观点:禁止体罚就无法纠正学生的不良行为。2007年1月26日,日本教育政策小组建议,鉴于学生欺凌、校园暴力、课堂纪律失控以及学生对教师的人身攻击等问题频发,应重新考虑容许学校施行体罚,管教不遵守纪律的学生,确保教师的安全。

(一)惩戒的含义及与体罚的区别

惩戒是一种正当的教育手段,是学校教育的重要手段之一，是在关心爱护学生的前提下，对学生的不良行为进行纠正的手段，也是由"惩"而达到"戒"的有效措施。换句话说，惩戒无论是缘由与目的，还是方式与手段，乃至作用与效果均是正当的、正向的。在教育教学活动中具有重要的价值和意义。同时，它对维护正常的教育教学秩序、保护受教育者尤其是未成年者人格的健康发展具有举足轻重，甚至是不可代替的作用。

"惩戒"不同于"体罚"，二者在目的、手段以及所产生的效果上均有着本质的差异。"体罚"是指教师向受教育者肌体施加一些外在的处罚，使学生人格尊严受到伤害，肌体感到痛苦，从而不敢犯错的一种手段。体罚不仅损害学生的人格尊严和身心健康，而且容易使学生对教师产生抵触情绪，甚至产生更加严重的后果。"惩戒"是在不损害学生人格尊严和身心健康的前提下，通过对学生施加某种强制影响，使受教育者认识到错误，改变不良行为与习惯，能做出正确判断和实施良好行为。惩戒能帮助学生分辨善恶是非，消解不良行为动机。

在实践中，学校和教师在使用教育惩戒时，往往很难恰如其分地掌握惩戒的"度"或"方式"，容易逾越法律的界限，酿成体罚的后果。一旦被学生和家长质疑为"体罚"或"变相体罚"，学校或教师常常很难自证清白，从而可能给教师带来被惩处的风险。2013年3月，文部科学省公布《关于坚决禁止体罚和理解少年学生的指导意见》。《指导意见》首先强调《学校教育法》第11条明令禁止体罚的规定，明确指出教师不得在任何情况下实施体罚，但可适当实施教育惩戒。如何在法律层面区分"惩戒与体罚"，《指导意见》指出"教师对未成年学生实施的惩戒行为是否被划归为体罚，要综合分析该学生的年龄、健康、身心发展状况，行为发生的场所和时间性环境、惩戒的样式等诸多条件，必要时根据具体的个案来进行判断"。"不能简单化地按照实施惩戒行为的教师、受到惩戒的未成年学生及其监护人的主观想法来进行判断，要在考虑诸多客观条件基础之上再做出判断。"此外，惩戒形式波及身体的时候，对身体造成伤害的惩戒形式（比如殴打、踢踹等行为），给未成年学生肉体带来伤害的（比如长时间使其保持正坐、直立等特定姿势）视作体罚。

（二）教育惩戒的法治化

教育惩戒的法治化，即教育惩戒的设定和行使必须依法进行。为保障教育关系中弱势一方的合法权益，法律必须对教育惩戒予以约束、控制。

日本文部科学省强调，教师在教育教学中运用教育惩戒，首先要合法，惩戒不能违反《日本国宪法》、《学校教育法》等相关法律规定，公民应当享有基本权利，即人权。《日本国宪法》明确规定"国家尊重和保障人权"，这里的人权就是日本法律规定的公民依法充分享有诸如生命权、人格尊严权、健康权、劳动权、休息权、言语权、经济权、财产所有权、隐私权、通信权、受教育权、申诉权等。学校或教师在实施惩戒时，一是不能侵犯学生的这些基本权利；二是实施惩戒时，既要有依据，包括学生违法违纪事实，也要符合惩戒的规范程序和要求等，不能侵犯学生合法权利。

在法律规范之下，日本教师使用教育惩戒权时要做到程序合法。即在对学生进行教育惩戒之前，提前告知学生或家长教育惩戒的规则和规定，给接受教育惩戒的学生或家长足够的提醒与告诫；在教育惩戒过程中，给学生或家长辩护的机会与权利；在教育惩戒之后给予学生或家长申诉机会，并密切关注学生受教育惩戒后的反应和表现。

（三）校园体罚认定的法律细化

近年来，日本详细规范教师的惩戒行为，教师惩戒的方式、种类更加细致化。由于《学校教育法》宏观地禁止校园体罚行为，禁止体罚的法律规定模糊，致使惩罚与惩戒的界限模糊。为细致区分惩罚和惩戒的界限，日本政府在公布有关体罚的注意事项中采用列举的方式明确规定了6项禁止体罚实例。

第一，不让学生如厕，超过用餐时间后仍留学生在教室中，因为会造成肉体痛苦，属于体罚范围，违反学校教育法。

第二，不让迟到的学生进入教室，即使是短时间，在义务教育阶段也是不允许的。

第三，上课中，因学生偷懒或闹事，不可把学生赶出教室；在教室内罚站学生，如不是变相体罚学生，基于惩戒权观念可被容许。

第四，偷窃或破坏他人物品等，给予警告，不造成体罚的情况下，放学后可将学生留校，但须通知家长。

第五，偷窃，放学后可以留下当事人和证人调查，但不得强迫学生写下自白书和供词。

第六，因迟到或怠惰等，增加扫除的值日次数是被允许的，禁止不当差别待遇和过分逼迫。

第10期
标准化与优质化并重
——英国学前教育课程治理经验与启示

高 露 编译

内容提要

英国作为学前教育界的翘楚，在学前教育课程治理方面，取得了令人瞩目的成绩，主要得益于学前教育公共政策。英国学前教育课程标准化与优质化并重的治理体系，主要集中于两个方向：标准导航的学前教育课程体系框架；注重一致性、连贯性的学前教育课程评估体系。英国是较早实施学前教育标准化的国家之一，学前教育标准化建设水平居世界前列。近年来，为促进学龄前儿童全面发展、实现学前教育的优质与公平，英国陆续颁布了《学前教育基础阶段框架》、《学前教育机构登记手册》、《共同评估准则》、《教育与收养法案》、《儿童保育豁免注册条例》等学前教育法律与公共政策。借助标准化的注册体系与共同评估标准，英国正在普及优质的学前教育机构。科学借鉴英国学前教育课程治理经验，有助于我国进一步建立健全学前教育课程治理体系。

一 标准导向：英国学前教育课程框架体系

英国学龄前幼儿属于义务教育范围，英国国家课程也规划出学龄前幼儿的学习重点与发展方向，即国家学龄前幼儿学习课程。

（一）分层分类：英国学前教育课程内容

根据英国国家课程纲要，学龄前幼儿学习应着重在六大领域，①个人、社会与情绪发展；②沟通、语文和阅读；③解决问题与数理运算能力；④对世界、社区与家庭的认识和理解；⑤肢体发展；⑥创造力开发。此外，政府2017年4月3日，英国公布《学前教育基础阶段框架》，将此六大学习领域进一步区分为主要学习项目和特别学习项目。主要学习项目包括沟通与语言，体能发展，个人、社会与情绪发展。特别学习项目包括语文、数学、了解世界（如人文、生态与科技环境）、艺术与设计。《学前教育基础阶段框架》规范儿童应透过游戏与游玩学习七个领域,包含沟通与语言,体能发展,个人、社会与情绪发展,语文,数学,了解世界,艺术与设计。此七个领域同等重要且相互关联。其中沟通与语言,体能发展,个人、社会与情绪发展三个领域对点燃儿童好奇心、对学习的热忱及打造他们的学习能力而言格外重要。

1. 沟通与语言

沟通与语言主要分为倾听与专注力、理解、说话三大领域。在倾听与专注力部分,需要培养孩子在许多情况下能专心聆听。他们能听故事,准确猜测重要事件,并针对他们听到的故事给予相关评论、问题或反应。他们在活动中可以专心听别人说话并适当回馈。理解部分要求孩子能理解包含数种含义与行动的指令并跟从之;孩子需要能回答有关"如何"或"为何"的问题,并能回应故事与事件。说话部分要求孩子可以有效表达自己,有效意识到听者的需求,会清楚表达过去、现在与未来发生的事情。他们能通过联结想法与事件,发展个人叙事或解释风格。

2. 体能发展

体能发展分为两个子领域:移动与使用工具、健康与自我照顾。移动与使用工具要求孩子在各类身体行动中展现出良好的控制与协调能力,他们可以自信地做许多动作,并安全地使用空间;他们可以有效处理器具与工具,包含用笔写字。在健康与自我照顾方面,孩子必须知道体能运动与均衡饮食对健康的重要性，并能述说保持健康与安全的方法。他们可以成功维持自身基本卫生与满足个人需求，诸如穿衣服与独自如厕。

3. 个人、社会与情绪发展

个人、社会与情绪发展细分为自信与自我觉察、控制情感与行为。①自信与自我觉察：孩子有足够信心参与新活动，并说出他们喜欢特定游戏更甚于其他。他们在自己熟悉的团体里可以自在聊天，聊他们的想法，并选择参与活动时所需的资源。他们在需要（或不需要）帮助时都能说出他们的想法。②控制情感与行为：孩子能说出他们和其他人的感受、行为与其所造成的后果，也知道有些行为不被允许；他们能参与团体活动，并遵守规则，能依据所在情境调整行为。

4. 语文

①读。孩子能读懂简单的句子，能运用拼音规则拼出简单的单字，并正确念出。他们也能读一些常用的不规则单字。通过讲述他们读过的东西展现他们的阅读理解能力。②写。孩子能用拼音规则拼写出一些单字，包含一些常用的不规则单字。他们能写下简单的句子让别人读懂（可以有同音错字，若读者念出这些错字，可以猜测出正确的字是什么）。

5. 数学

①数字。孩子可以顺利从1数到20，可以将这些数字依

数值大小排列，并明确说出那些数字较另一个数字大或小一位。用实物操作时，他们可以加减两个个位数字，或通过正数倒数找到正确答案。他们可以解决包含加倍、减半或分几分的问题。②形状、空间与测量。孩子可以用日常用语讲述尺寸、重量、容量、位置、距离、时间与金钱，能比较数量与物体并解决问题。他们可以认知、创造或讲述规律。他们发现日常物品与形状的特征，并用数学语言描述这些特征。

6. 了解世界

①人与社群。儿童能讲述在他们与家人现实生活中过去与现在的事件。他们可以理解并感受其他儿童并不一定和他们有相同的喜好。他们知道自己和他人相似与不同之处，也知道家庭与家庭、社群与社群，以及各种传统之间有相似与不同之处。②世界。儿童理解地区、物品、材质与生物之间相似与相异处，他们可以讲述自己身处环境的特点，理解各个环境之间会有所不同。他们会观察动植物，解释为何有些事会发生，并讲述变化。③科技。他们知道学校及家里等地所使用的科技，他们懂得如何选择及运用科技去做一些事情。

7. 艺术与设计

艺术与设计分为探索并运用媒体和发展想象力两个子领域。①探索并运用媒体。孩子从事音乐活动或跳舞或试着改变这些音乐或舞蹈。他们可以安全地运用不同的物质、工具及技巧,探索并实验色彩、设计、材质、形式与物品功能。②发展想象力。孩子运用他们所习得的媒体认知自由探索与思考如何使用及其使用目的,他们通过设计、科技、音乐、舞蹈、角色扮演与故事表达自己的想法与感受。

(二)全面发展:英国学前教育课程目标

"沟通与语言"包含提供儿童体验丰富语言环境的机会、发展他们表达自己的自信与能力、在不同情境下能够听与说。"体能发展"包含提供儿童主动及与人互动的机会、发展他们的肢体协调、了解体能活动的重要性、了解食物与健康的关联性。"个人、社会与情绪发展"包含协助儿童发展肯定自我与他人、和他人建立关系并相互尊重、发展社会技巧并学习如何掌控自我情绪、了解在团体中如何表现出合适的行为、对自己的能力与表现具有自信心。"语文"包含鼓励儿童联结声音与字母,并开始读与写。儿童必须广泛接触各项文体,以引起他们的兴趣。"数学"包含协助学生发展并改善算术技巧、了解并使用数字、简单的加减计算、对形状与空间的描述及测量能力。"了解世界"引导儿童通过探索与观察了解世界与儿童居住的社区,发现人、地方、科技与环境的关联性。"艺术与设计"包含协助儿童探索广泛的知识领域,提供机会并鼓励儿童透过音乐、舞蹈、角色扮演、设计与科技等方式表达他们的想法、创意与感觉。

二 注重一致性、连贯性：英国学前教育课程评估体系

英国学龄前教育政策与课程规划强调以幼儿发展为核心，幼小衔接的实际需求也是英国政府所重视的层面。幼小衔接目标具体展现在对学龄前幼儿进行的两次学习发展评量。幼儿基础阶段的评量方式为形成性评量，且于儿童两岁到三岁之间及五岁时分别进行。评量方式主要为实务工作者观察儿童以了解他们的兴趣、学习情况和学习风格，并据此积累每个儿童的学习经验。教师与实务工作者应让家长掌握儿童的进步与发展及儿童可能需要的发展协助。

《早期教育基础框架》规定，学龄前幼儿学习照护机构对于2~3岁的幼儿进行初期发展评量，使家长与相关照护人员知悉幼儿的初期发展状况。此外，2009年制定的《英国儿童照护规则（英格兰地区）》，要求招收学龄前幼儿的学习照护机构，必须在幼儿即将满五岁上小学的夏天，由第一线工作者通过日常对幼儿活动的观察，建立该名幼儿学习评量资料（又称夏季幼儿学习发展评量）。该资料不但需要提供给家长与第一基阶教师，也必须向地方主管机关汇总。倘若学习照护机构属于公立、公办民营，或是有接受教育部补助办理夏季幼儿学习发展评量的私立机构，地方主管机关必须将该机构缴交的幼儿评量资料

提交给教育部。

2~3岁幼儿初期发展评量，目的是希望能掌握幼儿发展状况，一旦发现有发展迟缓或落后一般标准的情形，第一线工作者不但可以及早介入，拟定幼儿发展的改善方案，甚至可以引进特殊教育需求协力伙伴或医疗专业人士的协助。对于即将进入小学的幼儿进行的夏季学习发展评量，一方面是确保幼儿在学龄前阶段在国家课程规定的六大学习领域，都获得均衡的发展；另一方面是确保幼儿的心智发展达到足以接受正规学校教育的程度。

英国教育部下辖专门负责国家课程评量的执行机关——标准测验局，按照国家学龄前幼儿学习课程，针对夏季幼儿学习发展评量定出四个评量基准。四个评量基准分别为第一级、第二级、第三级与A级。第一级是指幼儿的表现远低于预期标准；第二级是指幼儿的表现符合预期目标；第三级是指幼儿的表现远超过预期目标。A级则指幼儿属于未被评量的情形，包括幼儿长时间的缺席，或是远于夏天评量期间才进入机构，抑或是符合例外无须提供幼儿评量资料给地方主管机关的情形。例外无须提供幼儿评量资料给地方主管机关的情形包括：学习照护机构是未接受教育部补助办理夏季评量者，或是在家自学。

针对属于第一级评量结果的幼儿，进行评量的实务工作者与机构必须提供评量报告以外的信息，以确保家长与第一基阶教师能进行有效与有意义的对话，协助儿童顺利进入学校教育。

因此，第一基阶教师也可能在部分个案，建议继续让该名儿童留在学龄前学习机构，等到学习能力与身心发展程度达到符合一般期望的标准，再开始进入正规学校教育系统。

在儿童2～3岁，由学前教育工作者或健康访视员评估儿童在七项领域的发展，以提供其父母或主要照顾人员对儿童发展的简易书面报告。这个评估必须说明儿童的强项、哪些方面需要额外的协助及其他可能发展较迟缓的部分。如果儿童有特殊教育需求的话，学前教育机构工作者应该针对这名儿童提供个人化的计划，描述机构欲采行的活动和策略，以协助儿童未来的学习和发展。此外，学前教育实务工作者也应该鼓励儿童父母或主要照顾者和教师分享其他相关专家对儿童提供的评估信息，如儿童的健康访视员，或儿童计划转入的新机构。若儿童欲转出原有机构，实务工作者必须和家长或主要照顾者达成转出时间点的共识。

当儿童5岁的时候，会由其班级导师在该学期的6月30日前进行第二次评估。评估方式为通过课室观察，而非纸笔测验的方式，了解儿童是否达成此阶段应达到的学习目标。此次评估的观察重点为了解儿童的知识与能力、他们是否达成学习目标，以及对于即将进入一年级的能力准备度。这次的评估必须依据教师的持续观察、教育机构持有该儿童的所有相关记录和儿童家长及主要照顾者或其他专家的讨论记录。报告完成后，必须连同学前教育机构教师对儿童技能与能力的评估，提供给每位儿童的一年级教师，以协助一年级教师规划学习活动。此外，若地方政府向幼儿教育机构索取儿童的五岁评估报告，学前教育机构也必须提供。

构除了规范儿童的学习及评量外，幼儿基础阶段也进一步对机构的硬件环境与师生比提出要求，以确保英格兰幼儿基础教育质量的一致性，并确保儿童扎实稳固的学习基础，强调亲师合作，进而促进教育机会公平。

三 英国学前教育课程治理对我国的启示

实现"幼有所育"是党的十九大报告提出的保障和改善民生的重要内容之一。要全面实施"全面二孩"政策、实现教育阻断代际贫困、促进儿童健康成长、杜绝幼儿园侵害儿童案件等，关键在于从制度上加强管理学前教育机构，以实现我国学前教育内涵式发展。面对新形势和新挑战，加强和深化学前教育课程治理研究，科学借鉴英国学前教育治理的先进经验，有助于推动我国学前教育课程创新发展与可持续发展。

（一）顶层设计学前教育课程的法律政策体系

进入 21 世纪，英国相继颁布《每个儿童都重要》、《2006 年儿童保育法案》、《学前教育基础阶段框架》、《2012 年儿童保育（费用）法案》、《学前教育机构注册》、《儿童保育豁免注册条例》、《共同评估准则》、《教育与收养法案》等法律政策，不断修订相关学前教育机构法律政策，以保障学前教育机构的高质量和健康运营，实现优质学前教育的均衡。新中国成立以来，我国相继出台了《幼儿园管理条例》、《关于当前发展学前教育的若干意见》、《幼儿园工作规程》、《幼儿园教育指导纲要》、《3~6岁儿童学习与发展指南》、《幼儿园教师专业标准》、《幼儿园办园行为督导评估办法》，但是缺乏专门的学前教育法律，且可操作性不强。为保障学前教育高质量发展，我国需进一步从高位入手，顶层设计学前教育机构法律政策，清除违规违法的学前教育机构，保障幼儿就读于安全、高质量的学前教育机构。

（二）建立标准化学前教育机构的课程体系

近年来，英国不断完善学前教育课程体系。笔者认为，英国学前教育课程可以为我国提供以下启示：根据社会需求变化，适当调整学前教育课程；统一学前教育课程内容，为高质量的学前教育奠定基础。

（三）构建共同标准的学前教育机构评估体制机制

英国学前教育机构评估植根于其历史悠久的教育督导制度，具有良好的发展基础，且已形成一套统一、连贯的学前教育机构评估体系。与英国相比，我国学前教育机构评估起步较晚，我国于 2017 年出台《幼儿园办园行为督导评估办法》，从办园条件、安全卫生、保育教育、教职工队伍、内部管理五方面做出规定，并实现幼儿园、附设幼儿班、学前教育点督导评估的全覆盖，无证园也首次被纳入评估范围。笔者认为，英国学前教育机构评估体系可以为我国提供以下启示：形成统一、连贯的学前教育机构评估体系；统一学前教育机构评估内容、方式、结果；实施周期性评估与奖励性评估，形成评估报告，及时公布评估结果。

第11期
"保底不封顶"的新加坡学前教育机制

吴晓山

内容提要

新加坡学前教育基本承袭英国教育体制,又融合东方教育特点,围绕"保底不封顶"的教育理念,构建了别具特色的学前教育机制,这是其学前教育近十来年在国际上处于领先地位的关键。多类型多层次办学机制,满足不同家庭儿童的求学需求;政府部门协同治理机制,明确职能机构的主导职责;扶持及规范社会办学机制,充分利用社会力量在学前教育方面的作用;财政倾斜保障机制,为民众提供负担得起的学前教育;师资准入及培训机制,打造优质的幼儿教师队伍;课程体系建设机制,指导学前教育教学工作;教育质量评估机制,明确高质量学前教育的标准。

一 多类型多层次办学机制

新加坡学前教育实施多类型多层次的办学机制,适合各种类型家庭儿童的学前教育需求。学前教育机构类型,除了幼儿园和托儿所两种主要类型之外,还设置有特殊学前教育机构、学前学后托管中心、激励课程学习班、才艺培育班、语言训练中心、露营活动组织、假期文化训练营等多种类型的学前教育组织。

新加坡现有幼儿园500余所,主要包括人民行动党社区教育基金会所办幼儿园、国际蒙台梭利幼儿园、教会以及相关福利团体所办幼儿园、其他组织或个体所办私立幼儿园等。幼儿园招收3~6岁幼儿,分为三个层次进行教育教学:托儿班、幼儿园一年级、幼儿园二年级。采用周制与半日制,每周学习五天,一般分为上午班、下午班。假期制度与小学一样,每年的三月、九月各有1周假期,六月有4周假期,十一月到十二月有6周假期。每个学年分为四个学习阶段:一月到三月、三月到五月、六月底到九月初、九月中旬到十一月中旬。

新加坡现有托儿所1100余所,主要类型包括:员工福利型托儿所、商业机构托儿所、私立托儿所、社会服务型的托儿所、家庭托儿所以及专门为职业妇女开设的托儿所等。托儿所接收18个月或者更小幼儿,同时接收3~6岁儿童;分为六个层次进行教育教学:婴儿托管班(2~18个月)、豆豆班

（18~30个月）、幼儿低班（30个月至3岁）、幼儿高班（3~4岁）、幼稚低班（4~5岁）、幼稚高班（5~6岁）。出于方便儿童家长的上班时间安排，托儿所受托模式多样，采用全日制或半日制，没有特别的学习假期，每周上课五天半，时间为七点到十九点；周六大半天，时间为七点到十四点。

二 政府部门协同治理机制

新加坡的学前教育一直没有完全纳入正规国民教育体系，长期由各种社会力量经营。新加坡教育部至2013年才开始自办幼儿园，至2018年已达18所。学前教育政府部门采取协同治理机制，在合作的基础上明确各自的主导职责，监管学前教育办学机构，并发挥鼓励、扶持的作用。

新加坡学前教育的主管部门是教育部和社会发展、青年与体育部，在1999年之前，它们各自运作、独立发展，前者管理幼儿园，后者管理托儿所。此后为了便于培训学前教育教学师资力量以及提升学前教育教学质量，两者开始合作。社会发展、青年与体育部主要负责营运许可证的发放以及监管学前教育机构的运营；教育部则主要负责学前教育的课程提纲以及学前教育教师的资格审核及其培训。

2013年又成立儿童早期发展局（ECDA，Early Childhood Development Agency），由社会及家庭发展部管理、教育部监督。它的主要任务是管理及监督幼儿园保育项目的实施。主要包含：监督提升幼儿教育质量的鼓励性举措的实施情况，如质量认证制度的开展、具体规章制度的落实、幼儿园教学教育资源的供给情况等；培养培训优质的幼儿教师队伍，推进教师队伍的专业化建设；指导幼儿园教学教育基础建设；宏观指导幼儿园教育的人力资源开发与发展；提供经费支持以及相关补贴，保证任何家庭儿童都能获得学前教育的优惠项目，特别是低收入的家庭儿童；宏观指导以及拓展公立学前教育；加强儿童家长对幼儿早期教育的认识，同时强化家长对幼儿早期教育的重视与支持。

三 扶持与规范社会办学机制

新加坡学前教育的发展是新加坡政府与全社会一起努力的结果。为了充分挖掘和利用社会力量在学前教育领域的积极作用，新加坡积极扶持社会力量进行学前教育办学，同时采取有效的规范措施。

新加坡参与学前教育办学的主体十分广泛，包括商业机构组织、教会组织、私人业者以及其他社会组织等。其中，全国职工总会、国立大学教育学院、社区基金会以及幼儿教师协会等在学前教育办学主体中的地位尤其重要。新加坡有许多福利性或者非营利性的学前教育机构，如全国职工总会开办的优儿学府是员工福利性的学前教育机构；社区基金会所办的幼儿园都属于低费制普惠型。

在办学经费方面予以积极扶持。为了缓解房租费用等较高区域学前教育学额难以满足实际需求的问题，加大对非主要业者新办幼儿园的支持力度，即全京华基督教青年会、全国职工总会优儿学府、馨乐园教育服务财团、人民行动党社区基金会与伊顿国际教育集团等之外的学前教育机构；提高在组屋区新办学前教育机构的补贴，可获得基本建设成本50%的补助，每平方米可以达到665新元的最高补贴。提高在组屋区外高需求地区的办学机构的补助；可获房租60%的补贴，但限额不超过每平方米36.5新元；可获基础设施建设费用20%的补贴，但限额不超过每平方米665新元。此外，依据招生规模，对学前教育机构的装修及相关设备购置等方面进行经费补贴，以学额30名为标准，在标准内整体补贴27000新元；超过标准则每增一个名额补贴300新元。

新加坡还为学期教育机构提供智力支持。相关部门成立了专门负责学前教育师资评定以及培训等事务的工作小组，其主要工作内容包括制定与修订新的学前教育课程指南、课程框架以及制定学前教育质量评价指标体系等。社会发展、青年与体育部与相关企业共同创办了"儿童发展网络"，目的在于推进学前教育教学队伍的专业化建设，构建一个学前教育各相关领域资源共享、信息互通的平台；传播相关前沿理论成果，提升学前教育教师的理论水平；提供职业咨询和专业指导，加强学前教育教师的实践能力。

同时，新加坡政府制定了标准化的幼儿园认证体系以及严格的学前教育办学要求。另外，也通过均衡发展的策略对学前教育学费进行调控，例如政府经费补贴的倾斜政策，即非营利性学前教育机构可以获得更多的政府支持经费；收费标准高的学前教育机构则不能获得政府补贴经费。学前教育机构一旦接受了政府补贴，就一定要求遵守政府设定的质量认证标准以及学费上限规定。同时，没有得到政府许可，学前教育机构必须控制学费增幅，不得随意上涨学费。

四 财政倾斜保障机制

新加坡总理李显龙在2018年的宏茂桥德义区教育储蓄奖励金颁奖礼上发言："新加坡政府致力于让每一个来自不同家庭的孩子都能够在人生起跑点上获得公平的机会"；"在学业方面不放弃任何一个学生，在教育补助方面更加不能放弃任何一个学生"。新加坡政府采取财政倾斜保障机制，建设社会福利型学前教育，确保每个儿童都获得学前教育机会，2017年新加坡幼儿毛入学率在98%以上。

新加坡实行鼓励生育政策，为每个新生儿补贴约6000新元，家长可将其作为小孩的学前教育费用。低收入的家庭还可通过申请获得社会发展、青年与体育部的相关资助。其一，保育财政支持计划，按照每个家庭的实际收入状况，可以为每个儿童每月最高补助340新元。其二，幼儿园财政支持计划，对实际收入少于1800新元的每个家庭，可以每月最少补助入园费用82新元，并且实际收入少于1000新元的低收入家庭，可以给予入园资助费200新元。并且，为进一步保障低收入家庭及其他弱势群体的幼儿入学，从2015年开始，幼儿园财政援助计划扩大资助范围，即中等收入家庭也可以从中获得补贴。假如家庭人口为5人或以上，同时，人均实际收入低于1500新元的，可以获得入园学费的补贴。其三，幼儿保育资助计划，为了保证双职工家庭能正常参加工作，对于收入少于1800新元的，并且家庭中无人照顾小孩的双职工家庭，可以获得相关资助，具体包括入园注册费、入托费、学校制服费以及保险费用等；同时，低收入家庭还可通过其他渠道获得幼儿学前教育资助，如可通过家庭服务中心、社区发展理事会或基层领袖帮助申请公民咨询委员会的资助基金；又如家庭补贴项目，华裔、欧裔等各类社会群体的资助会也有设置相关学前教育资助项目。

为了保证贫困家庭负担起学前教育费用，新加坡教育部与相关学前教育机构共同设立学前机遇基金，针对低收入家庭进行资助，人均月收入低于1250新元或家庭月收入低于4500新元的家庭，可获得每年最高1300新元的资助，资助这些家庭的儿童在道德培养、体能培训及社交能力训练等各个方面的教育；对于难以支付医疗保险费用的困难家庭儿童，可将其补贴用于水痘、手足口症等传染疾病的医治。同时，包括低收入家庭儿童的外出旅游以及过生日等费用，都可申请补贴。

为了保证特殊儿童能享受到平等的学前教育，新加坡政府有针对性地实施了儿童综合保健计划，为2~6岁儿童视觉能力、听觉能力、语言能力以及其他发育等存在问题的特殊儿童，提供每月25~150新元不等的资助，以帮助他们获得与正常儿童一样享受公平的教育过程。这些儿童家庭可以申请得到专门的特殊教育待遇，如在针对特殊儿童设计的教育环境中学习、得到经过专业训练的保育师照顾等。针对英语基础较差的幼儿园二年级实施阅读语言援助计划，对他们采取小组学习或者集中辅导甚至一对一教学等方式，以提高他们的英语水平。

并且，新加坡政府对学前教育的资助方式在不断拓展，经费数额也在不断增加。2018年伊始，新加坡教育部制订计划，包括增加幼儿园与托儿所数量，加大资金投入力度，经费将增加一倍以上，预计增加4万个学额，至2022年拨款将达到17亿新元。

五　师资准入及培训机制

新加坡政府主要通过师资鉴定和师资培训相结合的机制来

提高学前教育师资的总体水平，打造优质的幼儿教师队伍。目前，新加坡学前教育的教师队伍约13000人；整体从业人员规模约16000人。

制定教师准入标准。新加坡政府在2001年即制定了幼儿园教师的鉴定以及培训机制，并且相关教师标准逐年提高。新加坡中学学业完成后即可进行普通教育证书O（Ordinary）水准考试，其中数学、英语是必考科目，另外必须从历史、华文、地理、化学、物理等学科中选考3门科目；考试成绩达标是担任教学前教育工作的起码要求。当前的标准是，K1、K2年级的学前教育教师要求一定达到英语科目测试的O水准，或者通过其他与英语水平类似的测试；同时，还要求拥有学前教育的大专文凭；而且任何学前教育机构必须有75%的学前教育教师达到以上两个硬性要求。没有达到标准的从业者则可从事婴儿班教学，但总数不可超过教师总量的25%。

提高教师待遇。在对学前教师提高要求的同时，也不断提高其待遇。儿童早期发展局提出"有市场竞争力的薪水"的口号，"职总优儿学府"、"人民行动党社区基金会"宣布，提高旗下的学前教育从业者的待遇，具有三年或以上工作经验，同时具有专科文凭的教师涨薪至2300～2800新元；具有三年或以上管理经验，同时具有本科文凭的校长涨薪至4000～4400新元。

扩大教师队伍。由于当前新加坡学前教育师资比较紧缺，新加坡劳动力发展局和儿童早期发展局共同实施两项计划："学前教育实习计划"与"代课幼儿教师计划"，以解决学前教育师资短期问题，鼓励更多的人从事学前教育工作。参加"学前教育实习计划"者，必须是新加坡公民或永久居民，同时具有中学二年级及以上受教育经历；参加者经过40~80小时的专业实践才能申请加入学前教育从业队伍。参加者专业实践时酬金为每小时4.5新元。所有通过实习实践的参加者还可以获得200新元的额外奖励。假如参加者在完成实习计划后的一个月之内，能够正式受聘于相关学前教育机构，同时连续不断在岗三个月以上的，还能够获得300新元的额外奖励。正式加入学前教育工作队伍后，参加者可以在所聘机构与劳动力发展局的经费支持下，通过正规的学前教育工作训练，成为正式的学前教育教师或者保育师。"代课幼儿教师计划"是劳动力发展局与儿童早期发展局联合新苗师范学院一起开展的项目。达到要求的参加者必须经过16天的集中培训学习，同时要经过5天的实习，然后由新苗师范学院指派到相关机构进行不少于20小时的代课实践；薪金不少于8新元/小时。完成这些实习实践任务后，所有参加者能够自行应聘相关学前教育结构，也可以继续委托实习机构安排工作。

完善教师培训机制。2013年刚成立的儿童早期发展局当年即实施"婴幼儿教师持续专业发展计划"，并承担80%~90%的培训费用，培训内容由儿童早期发展局与相关学前教育培训机构共同制定。内容包括基础理论知识、常用沟通手段、基本教学方法等。这些训练提升学前教育教师的理论水平与实践能力，并加强他们的职业素质。新加坡现在约有20家教育机构具有儿童早期发展局的认证资格，包括淡马锡理工学院、义安理工学院、新加坡理工学院等。这些具有资格认证的教育机构可以进行大专文凭或相关证书的课程培训。

六 课程体系建设机制

新加坡政府认为，优秀师资是实现教学质量的关键因素，而科学的课程体系是保证教学质量的基础。因此，新加坡教育部建立了切实可行的课程标准体系，指导学前教育教学工作。

新加坡教育部对学前教育课程设置提出了六条基本原则：为幼儿提供全面的学习内容、让幼儿获得完整的学习经验、让幼儿成为积极的学习主体、为幼儿提供适当的学习支持、让幼儿在互动中学习、让幼儿在游戏中学习。同时，新加坡教育部明确提出了学前教育的八项理想教育效果，即幼儿经过学前教育后可以达到：其一，识别对错是非；其二，愿与人分享；其三，能与人友好共处；其四，有寻求新知的好奇心理；其五，能聆听并理解说话；其六，具有好的身体协调能力及健康习惯；其七，有快乐心态；其八，热爱关心家人与朋友，尊敬老师和爱护学校。

根据课程设施的六条基本原则与学前教育的八项理想成果要求，新加坡教育部门出台了两个基本的指导性文件：《培育早期的学习者：新加坡幼儿园课程》、《婴幼儿培育框架》。前者是针对4~6岁儿童学前教育理念及学习目标的指南；后者主要为3岁及以下幼儿制定教育目标。教育部门从课程的框架、原则、目标、内容以及具体实施等方面构建切实可行的课程体系，从宏观层面指导学前教育教学，倡导主题内容法教学、游戏参与式学习。但是在微观层面如课程内容的具体设计等并没有硬性规定。《婴幼儿培育框架》主要从宏观方面对婴幼儿培育工作提出指导性原则，培育工作成果标准以及相关培育工作的要求等，具体包括五个方面：成长过程中的婴幼儿、如何有意识地进行培养、专业培育师的工作、婴幼儿家庭的参与活动、整个社区如何融入婴幼儿的培育工作等。这些宏观指导，有利于培育师更好地进行适合于婴幼儿发展的培育工作。同时，培育师也能够通过这些指导，为幼儿成长设立具体的目标。2012年新加坡教育部推出了《培育早期的学习者：新加坡幼儿园课程》，在制订该指导性框架之前，征询了许多教育专家的建议，同时也参照了一些学前教育发达国家的成功经验，从而形成符合新加坡学前教育客观实际的幼儿园课程框架。它清楚表达了新加坡对学前教育工作的要求标准，儿童在学前教育过程中应达到的学习效果，以及明确应该怎么帮助儿童成功完成幼儿园学业，上升到小学阶段的学习。

制订指导性课程框架的同时,新加坡政府制定了教学资源指南以及教师指南等,指导学前教育的管理工作以及幼儿教师的教学工作,以利于儿童在学前教育阶段在接受知识、培育日常技能以及良好的性格等方面获得更好的发展。另外,儿童早期发展局为了激励学前教育的创新发展,专门设置学前教育创新基金,基金资助涉及学前教育教学方法、学前教育机构的运行、教育机构与儿童家长的关系管理、儿童学习环境、学前课程内容安排等。凡申请基金获得立项者能够得到项目支出95%的经费资助;同时,任何一所学前教育组织将获得不超过4000新元的基金资助。

七 教育质量评估机制

新加坡构建了系统的学前教育质量评估机制,明确学前教育质量的基本要求和高质量学前教育的标准,以此提升学前教育质量。

早在2003年,新加坡即开始实施《追求卓越幼儿园计划》评价体系;到2006年,新加坡又施行《幼儿园标准》;到2011年开始实施《学前教育认证框架》,这并非强制性认证标准,而是采用学前教育机构自愿的原则。该计划目的在于学前教育机构能通过自我审视、自我评估来不断提升自身的教育教学质量以及自我管理水平。每年有两次申请机会,申请评估所产生的费用，大部分由教育部与社会发展、青年及体育部承担，参评的学前教育机构只要承担其中一部分的经费。近年来，由于新加坡政府对《学前教育认证框架》的积极宣传与大力推广，并在政策方面进行积极引导，《学前教育认证框架》得到了社会的普遍认同，是否获得《学前教育认证框架》质量认证，成为衡量一个学前教育机构教学与管理水平是否优质的重要标准，成为影响家长为孩子选择幼儿园的重要因素。

在正式参与《学前教育认证框架》质量认证之前，申请参加评估的学前教育机构会得到新加坡教育部的指导，进行质量保证咨询，以做好正式评估之前的准备工作。经过质量保证咨询的学前教育机构，可以获得教育部指派的教育顾问帮助，进行专业的指导与培训，以此来提升自身的教育教学与管理水平，符合《学前教育认证框架》质量认证的所有要求。质量保证咨询程序分为三个阶段：第一阶段，申请，学前教育机构提出参与认证申请，同时支付相关咨询费用给教育部，教育部经过验证确认学前教育机构资质，对通过验证的学前教育机构派遣质量咨询顾问。第二阶段，咨询，学前教育机构管理者与咨询顾问共同研究咨询需要、签订相关协议、明确咨询进程。第三阶段，后续咨询，学前教育机构向教育部以及早期儿童教育者协会反馈相关咨询获得的经验与成效等。

《学前教育认证框架》对学前教育机构进行质量认证，主要包括七个方面的评估：管理者的领导能力、机构发展规划以及行政管理水平、管理员工水平、课程设置质量、教学方法成效、环境健康、开发资源能力以及安全管理。正式评估分为四个阶段。第一阶段，认证登记申请参加评估的学前机构。第二阶段，通过认证登记的机构依据认证标准进行自评，准备好认证检验工作后，申请进入正式评定认证阶段。第三阶段，通过第三方评估组织，对所申请参与认证的学期教育机构进行办学水平检查；检查结果即是最后认证的成绩。第四阶段，检查结果为优秀的学期教育机构能获得有效期为三年的《学前教育认证框架》评定证书。同时，通过《学前教育认证框架》认证的学前教育机构可以使用其特定制作的认证标志，社会公众能够以其标志来判断学期教育机构的教育教学质量，从而起到指导家长更加理性地为孩子选择学校，并且能提高员工对所在学前教育机构的教育教学以及机构管理质量的期望。

八 对我国学前教育立法的启发意义

当然，新加坡学前教育机制仍存在许多问题，如学前教育质量与负担能力之间的紧张关系、学前教育政策革新与儿童家长期望之间的矛盾等均是值得反思的，但仍不可否认其在新加坡学前教育发展中发挥的巨大作用。我国自2010年实施《国务院关于当前发展学前教育的若干意见》（以下简称《国十条》）以来，学前教育获得明显发展。但是"入园难入园贵"、城乡教育不均衡、教师队伍缺乏以及质量不高等问题依然突出，其根本原因在于我国没有《学前教育法》。截至 2017 年底，我国共有幼儿园 25.5 万所，在园幼儿达到 4600 万人，全国学前三年毛入园率达到了 79.6%。显然，为学前教育立法迫在眉睫，教育部公布的 2018 年工作要点中也明确要求推进学前教育立法。在此之际，他山之石可以攻玉，新加坡学前教育机制对我国学前教育立法无疑有一些启示意义。

（一）政府职能及其立法确定

新加坡学前教育虽然没纳入国民教育系统，主要依靠社会力量办学，但是政府的职责定位十分明确，即在学前教育中的主导、资助、监管、规范等职责，这是新加坡学前教育实现"保底不封顶"理念的基本前提。这主要通过两点来实现：其一，有专门的教育行政机构（教育部与社会发展、青年与体育部及儿童早期发展局）；其二，通过系列、系统的政策实施来体现，其中设立主管机构是关键。我国《国家中长期教育改革和发展规划纲要（2010～2020年)》（以下简称《纲要》）提出要"明确政府职责"；《国十条》中的第一条延续《纲要》的主张提出：必须坚持政府主导、社会参与、公办民办并举；第十条提出：地方政府是发展学前教育、解决"入园难"问题的责任主体，但是如何保证政府的主导地位，还是值得进一步探讨的。由于当前我国对于学前教育是多行政部门管理，并且各自职责职能不明确，从而导致实施、监控过程中存在真空地带，以至于许多政策执行效力弱。因此，不仅应该在国家层面设立有实权的专门管理学前教育的行政机构，而且应该在学前教育法中确定其职责功能。因为政府的主导地位是通过多种角色形式来体现的，其不仅是政策制定者、教育办学者、教育管理者，还是公平分配教育资源的责任者、处理与市场关系的主导者等，并且目前我国学前教育作为教育环节中最为薄弱的一环，面临环境复杂，发展任务艰巨。因此，成立专门机构并在立法中明确其职责，不仅是政府在学前教育中主导地位的体现，是贯彻实施教育公平理念的保障，也是应对当前学前教育复杂局势的必然要求。

（二）社会力量的引导与规范

我国作为一个发展中国家，教育资源较为紧缺，同时又人口众多，如果仅依靠国家政府力量来发展学前教育，显然是不现实的。因此，《教育法》的第五十四条明确提倡社会力量参与发展教育事业；《纲要》主张"大力发展公办幼儿园，积极扶持民办幼儿园"；《国十条》第二条明确提出：鼓励社会力量以多种形式举办幼儿园。而要实现这一点，并不简单。就我国社会力量办学前教育现状而言，可以说都是盈利性办学，教育资源以及入园费用等基本上由市场决定,很难体现教育公平理念。同时,政府也没有在经费方面予以支持。以至于资源分配不均、教育质量参差不齐等问题比较突出。这些问题的出现,其根本原因在于学前教育法制建设的滞后;而新加坡相关经验对此有积极的借鉴意义。其中三点尤其值得重视:其一,引导社会力量参与学前教育办学;其二,处理社会力量办学与公办学前教育之间的关系;其三,规范社会力量办学。这三点的实现均需要以完善法制为前提。新加坡不仅在经费上对社会力量办学前教育进行支持,而且在教育培训、教学研究等方面提供智力支持;在此基础上,引导与规范社会力量办学前教育,办学主体涵盖广泛,如商业团体、社会团体以及宗教组织和私人等,同时积极提倡非营利性学前教育,如社区基金会所办学前教育机构等。通过一系列政策在教育经费及资源等方面进行合理分配,尽可能实现其"保底不封顶"的教育理念。我国的学前教育立法针对社会力量办学,应该在引导、规范及经费支持与资源分配等方面予以具体的条文确定。既要有引导的内容,如在经费方面进行资助,在师资方面进行扶持,在教学方面进行指导,对教育质量提升有奖励等;也要有规范的内容,如办学场所要求、入园收费标准、师资水平的认证等;也要有协调的内容,如确定相关学前教育协会及其他相关学前教育机构组织的职责职能,以及确立与这些机构组织的沟通渠道等。

（三）注重起点与结果的公平

教育公平应该贯穿整个学前教育过程，而其中起点与结果则是关键。新加坡学前教育政策充分地体现出了对这两点的重视，在入园率极高的情况，仍然不断加强对相对贫困家庭或处境不好的儿童的帮助，与此同时采取各种形式提升师资水平，又在研究的基础上不断细化教育质量评估体系；以此来保证学前教育起点与结果的公平。我国学前教育情况更加复杂，区域经济发展水平不一，城乡之间发展不平衡，家庭收入差距较大。既存在收费高的"入园贵"，又存在贫困家庭小孩"入园难"，也存在落后地区"无园可入"的现象。同时，教育机会的不公平，以及教育监管的不利与教育质量评价体系的缺失，必然导致教育结果的不公平；学前教育则不可能实现均衡发展。因此，我国的相关教育法律制定过程中都强调教育机会的公平，学前教育立法亦是如此。《纲要》在学前教育规划内容中明确提出："基本普及学前教育"、"重点发展农村学前教育"，其目的就在于保证学前教育机会的平等；而《国十条》的内容则主要围绕如何保证学前教育机会公平以及教育质量均衡等展开，其中，第一、第二、第四、第七、第十条等内容主要针对实现教育机会公平而言，从而解决"入园难"等突出问题；第三、第五、第六、第八、第九条主要就保证教育质量而言，从而实现学前教育质量的均衡发展。而具体的政策倾斜、财政支持、薪金制度、培训规划等都必须有法可依，因此这些内容在实践中如何体现与落实，无疑是学前教育立法内容的重点。其一，对农村地区、民族地区、落后地区以及贫困家庭儿童、留守儿童、特殊儿童的学前教育机会如何实现平等，以及对这些地区或者对象实现教育经费、教育资源的分配均衡，应该有具体的条文体现；同时应有具体的责成单位或组织。其二，确立学前教育环境标准；明确学前教育师资准入要求，完善学前教育师资培训制度，建立培训机构监管制度，构建学前教育质量评估体系；同时针对学期教育从业者的地位、工资待遇等要有明确的保障条文。

（四）注重法制的动态建设

新加坡学前教育政策有一个鲜明的特点，就是随着实际情况的变化以及世界学前教育的发展情况，十分注重政策的修订与完善，充分体现了法制建设的动态性。正因为如此，其教育政策的公平性能根据社会经济、文化环境的变化而得到调整与实施。当然，我国的学前教育政策也体现了此点。如从1979年的《全国托幼工作会议纪要》、1983的《关于发展农村幼儿教育的几点意见》、1995年的《关于企业办幼儿园的若干意见》、1997年的《全国幼儿教育事业"九五"发展目标实施意见》到2010年的《国十条》、2011年的《关于加大财政投入支持学前教育发展的通知》等。如何应对社会环境变化，精准把握时代脉搏，真正实现法制动态建设，则离不开必要的智力支持。新加坡能实现制度的动态建设，正是因为新加坡政府十分注重创新学前教育的研究，设立专门的学前教育创新基金；同时，十分关注世界学前教育研究成果的进展以及成果的利用。研究内容与利用成果涉及领域十分广泛，包括质量评估、教学环境、课程体系、管理营运、教学方法与技巧以及社会关系等，这为新加坡学前教育政策制定提供了智力支持，也是其学前教育不断发展的动力源。我国以往的学前教育政策对此亦有所体现，如《国十条》中第十条提出，要求地方政府加强对学前教育现状的研究，把握突出问题等内容，使立法具有前瞻性，真正实现法制的动态建设，显然在学前教育立法中体现科学创新研究十分必要。其一，应确立所设立的学前教育专门行政机构对学前教育科学创新研究的管理权力与责任；其二，规定有专项资金支持学前教育创新研究；其三，设立鼓励学前教育机构或组织等创新教育研究或实践成果的条文。难以否认，以往我国相关教育立法中，也鲜见针对"科学研究"的条文，以致相关教育立法包括学前教育法在内，往往滞后于现实教育的发展，如《职业教育法》实施20余年至今亟待修订。学前教育立法在20世纪90年代已呼声甚高，但至今才提上立法日程，其中缺乏科学研究是其滞后的重要原因之一，未能把握学前教育现状，透析学前教育困境；未能精准预测学前教育发展趋势，必然成为立法的阻力。因此，学前教育立法设立相关科学创新研究条文是十分必要的。

第12期
加拿大民族教育法律与公共政策

吴晓山

内容提要

民族教育的影响不限于教育领域，对于民族关系和谐、国家长治久安等都产生深远影响。加拿大民族教育发展取得了瞩目成绩，根本原因在于其以"多元文化主义"为核心理念，构建了较完备的民族教育法律与公共政策体系，建立了执行效力较高的行政职能机构系统，形成了多元化主体参与机制。民族教育法律体系规范和保障民族教育发展；民族教育公共政策体系引导与调控民族教育发展并合理分配教育资源；行政职能机构系统有效贯彻民族教育法律与公共政策；多元化主体参与机制营造全社会关注民族教育发展的社会氛围，使民族教育成为真正的社会公益事业。

加拿大既是一个多民族国家，也是典型的移民国家。据加拿大统计局2018年6月发布数据，其时人口为37067011人；近5年内，平均每年有超过30万移民。加拿大有100多个民族或族群，大致分为四类：英裔民族、法裔民族、原住民族、移民族群。前两者又被认可为建国民族，而原住民族为"第一民族"；其他被认为是第三势力集团。原住民族又具体包括三大类：印第安人、梅蒂人、因纽特人，约占加拿大总人口的3.8%；约50%的原住民族生活在城市。加拿大曾经采取"同化"与"熔炉"（即"加拿大化"运动）等政策发展民族教育，均以失败告终，并受到世人谴责。直至20世纪70年代推行多元文化主义，并在各层级教育领域全面开展多元文化主义教育，民族教育才得以改观并获得快速发展。

多元文化主义深刻影响加拿大现代教育体制的形成与发展，同时在教育过程中又增强加拿大人的多元文化认同。多元文化已经成为加拿大社会广泛认同的国家特质。《加拿大百科全书》对"多元文化"内涵进行了阐释：其一，一个在种族或文化上存在异质特征的多元化社会；其二，基于尊重、平等理念的族裔与文化群体的多样性形态；其三，1971年以后加拿大联邦政府及各省所推行的相关政策。

1971年，加拿大政府总理皮埃尔·埃利奥特·特鲁宣布实行多元文化主义政策，他提出："实行多元文化主义政策是加拿大联邦政府的决定，我深信，这也是加拿大人的愿望。加拿大尽管实行两种官方语言制度，但没有一种官方文化，没有任何种族比别的种族更加优秀，也没有任何公民和公民团体比其他的加拿大人更优秀，他们都应受到平等对待。"1988年加拿大通过具有里程碑意义的《多元文化法案》，成为第一个从国家层面为多元文化主义立法的国家。该法案系统阐明了多元文化主义的主要思想、内容和实施方法；从国家法制的高度认同各种民族文化及其在加拿大社会发展历史中的积极作用；鼓励所有公民主动为各民族文化的共同繁荣做出贡献；明确联邦及各省政府有义务提升全社会公民的多元文化意识。该法案对教育领域的民族歧视予以彻底否定，确立了各民族教育权利平等原则。

一　民族教育法律体系

作为联邦制国家，加拿大强调地方自治，但是联邦政府所推行的多元文化主义得到各行政区的认同与积极响应。因此，以多元文化主义为核心理念，联邦及各省级政府都制定了相关发展民族教育的法律法规。通过对民族教育基本权利、民族语言教育、民族教育资助等方面的立法，形成了较为完备的法律体系，规范和保障了民族教育发展。

（一）民族教育权利保障法

加拿大原住民族在历史上曾受到种族主义长时间的迫害。

19世纪20年代针对原住民族推行文化清洗式的"寄宿学校教育制度",持续40余年方才终结;严重侵害了原住民族的教育权利。推行多元文化主义以来,发展民族教育的首要任务就是为少数民族的基本教育权利立法。

1. 联邦政府法律

以多元文化主义为核心理念,加拿大联邦政府相继制定或修订了《加拿大人权法》、《加拿大宪法法案》,《加拿大权利和自由宪章》、《印第安法》、《就业平等法》等,均强调所有加拿大公民都享有平等的教育权利。其中《加拿大权利和自由宪章》从宪法高度确立了多元文化主义教育,并且明确规定公民的教育权利受政府保护。《印第安法》允许被剥夺印第安身份的印第安人恢复身份。《就业平等法》明确规定:包括原住民族在内的所有少数民族,一律享有平等公正的就业机会。1988年《多元文化法案》则是联邦政府推行多元文化主义的总结。

2. 省级政府法律

加拿大各省遵从多元文化主义,制定相关民族教育法律。总体来说,各省之间的教育法律及实践大同小异。即使对多元文化主义有所保留的魁北克,也于1981年颁布《跨文化关系委员会法案》、1986年出台《跨民族跨种族关系宣言》,明确反对种族主义,维护原住民族教育权利,倡导发展民族教育。1990年出台《让我们一起建设魁北克对移民及整合政策的陈述》，宣布魁北克是一个多元文化社会，保护与传承多民族文化是魁北克政府的职责。2004年又颁布《移民、整合和跨文化关系的行动方案》，提出"魁北克以其多元性而自豪"的口号。又如1982年，安大略省通过《文化与公民身份部法案》、曼尼托巴颁布《跨文化委员会法案》、阿尔伯塔出台《文化遗产法案》等。2007年安大略省发布《安大略省第一民族、梅迪人和因纽特人教育政策框架》，将原居民族教育确定为优先发展任务：提升原住民族学生的学业成绩；缩小原居民族学生与其他学生的成绩差距；实现所有学生都能理解原住民族文化及其发展历程。其他各省也纷纷仿效安大略省，出台了类似的民族教育法律法规。

（二）民族语言教育法

在多民族国家中，一个民族的语言使用情况，不仅可体现出该民族的文化发展状况，也可说明该民族所处的社会地位，而且可以反映出该民族与其他民族之间的关系。基于民族语言的重要性，加拿大政府专门为民族语言教育立法。

1988年联邦政府修订《官方语言法案》，成为加拿大推行双语教育的法制依据。1990年，为了传承与发展原住民族语言，联邦政府出台《西北属地官方语言法案》，认定西北地区的几种原住民族语言具有官方语言地位，打破了以往英、法二元的官方语言系统。1991年加拿大议会通过《传统语言机构法案》，要求对少数民族语言课程内容制定标准化体系，提升少数民族语言课程教师的教学水平；并在埃德明顿成立专门的民族语言教育机构，落实民族语言教育的相关举措。依据法案，推行官方语言教育计划，其目的在于通过双语教学提升少数民族学生的官方语言交流能力，具体包括集中语言教育项目、融入主流文化项目与包班语言学习项目等。这些项目获得加拿大社会的普遍认同，是否进行双语教学，也成为家长为孩子选择学校的重要依据。

（三）民族教育资助法

为了确保民族教育发展的质量，加拿大联邦及省级政府以立法的形式，设立了各层级的经费支持项目，强调优先资助发展民族教育；同时，对民族学生实施助学金、奖学金、贷学金和捐赠款等多种类型的资助，构建起了以法为依据的全方位、立体化的资助系统。

联邦政府于1991年出台了《种族关系基金法案》，旨在通过基金支持公众教育以肃清社会中存在的种族主义，并要求在多伦多成立"种族关系基金"进行具体运作。1996年，联邦政府成立了"加拿大种族关系基金会"，研究种族主义方面的各种数据并推进实施某些消除种族歧视的教育项目。1998年，加拿大联邦政府在年度预算中发布了多项致力于发展教育的计划，这些计划统称为《加拿大机遇战略》。联邦政府从此开始主要通过专项经费方式对民族教育进行资助，并不断拓展民族教育发展项目。在实际操作中，联邦政府为了使经费投入获得最佳的教育效果，全面衡量不同区域的实际经济发展水平，然后决定资助经费的具体分配方案，同时限定了经费的支出细项。

1995年实施《加拿大学生经济助学法案》并不断修订，设置多种类型的奖助学金，保障原住民族学生以及贫困学生的受教育权利，并规定在联邦政府的担保下，由私人机构具体负责落实学生的资助事项。同时设置专项奖学金使原住民族学生享受额外优待。其一，印第安及北方事务部资助项目由"印第安及北方事务部"负责实施，是针对印第安民族及北部地区原住民族学生的资助项目。近年来，每年约有23000名原住民族学生获得了资助。同时，该项目对开设有民族课程的高等院校也进行资助。其二，"中等后教育学生资助项目"，专项资助民族学生个人，为就读于社区学院等机构的原住民族学生提供学杂费、日常衣食住行的生活费以及每学年两次的往返交通费等。该项目也对原住民族学生接受职业文凭或中等后教育文凭等证书培训进行资助。其三，大学和学院入学准备项目。这是为原住民族学生接受高等教育而设置的专门项目，对刚入学的原住民族学生提供经费支持，保障他们的教育机会以及能够顺利完成学业。其四，"土著技能与就业合作项目"，这是偏重对原住民族学生掌握就业技能培训教育的资助项目,其目的在于利用原住民族组织、省级政府部门以及工商业雇主之间的协作,帮助原住民族青年掌握必要的工作技术,以适应劳动力市场的发展要求,并且原住民族学生还能够申请针对低收入家庭设置的资助项目。其五,设置有"印第安研究支持项目",专项经费用以支持学校开设原住民族学生所需的特殊课程。

二 民族教育公共政策体系

以法为依据,加拿大制定了一系列发展民族教育的公共政策,引导与调控民族教育发展并合理分配教育资源,对民族教育实施优惠和支持。

(一)民族教育发展基本政策

为了实现对民族教育发展的指引与调控,全面提升民族教育质量,增强民族学生融入主流社会的能力;加拿大政府出台了一系列强调优先发展民族教育的基本政策。

2008年"加拿大教育部长理事会"出台了《学习型加拿大2020》,明确要求:原住民族教育是国家教育发展战略的优先重点领域,必须提升民族学生接受教育的机会与学业成绩。同期颁布的《原住民教育行动计划》,对原住民族教育提出具体的目标:提升原住民族学生的学习能力;缩小原住民族学生与其他学生之间的成绩差距；提高原住民族学生的幸福感；加强原住民族学生的就业竞争力。

2011年5月，加拿大联邦教育文化就业部部长和原住民族自治地方政府、教育当局等各方举行会议，签署了《西北地区原住民学生成绩提升教育合作宣言》，同时公布2011~2021年《原住民学生成绩提升教育计划》，提出：将提高学生出勤率的项目在整个西北地区推广；增强学校对学生读写能力的关注与支持；开展一个共同体运动来提高学生的出勤率以及就家长责任问题进行沟通；对西北诸地的所有教师进行文化适宜性培训，提升教师的文化意识。构建新的教育机制，主要针对原住民族普遍教育发展，持续提供可预测的、稳定的经费资助；对原有的《北方成年人基本教育方案》进行修订，为了解决北方原住民族教育的发展困境，要求加大对原住民族成年人教育的资助力度，并且扩大教育范围和增加就业机会。同时提出"更好的学校，更成功的学生"计划，开展幼年识字行动；积极发挥组织能力，与省级教育机构形成伙伴关系，并且投资建设和翻新原住民族学校校舍。

（二）民族教育发展的具体政策

为了实现合理分配教育资源，通过教育提升民族学生的民族自信心，加强民族文化之间的融合，加拿大政府针对各层级民族教育领域制定了一系列具体发展政策。

1. 民族学前教育公共政策

1993年加拿大政府颁布了《儿童社区行动计划》，1994年出台了《加拿大产前营养计划》，1996年实施了《加拿大卫生与社会转移支付》等学前教育公共政策。其中专门针对民族学前教育的有《原住民族儿童支持计划》，在实施政策过程中，联邦政府是负责者、省级政府是资助者、社区是服务者，三者分工合作，有效实施原住民族儿童支持计划。据此，加拿大政府制定了一系列发展民族学前教育的项目，主要包括：其一，具体以社区为对象，有光明未来项目等；其二，具体以儿童父母为对象，有产前营养项目、父母参与项目以及第一民族与因纽特儿童保育项目等；其三，具体以儿童为对象，有特殊教育项目、原住民族开端项目等。不同的项目有各自具体的服务内容，有具体的管理与执行单位，例如，原住民族开端项目，该项目有两种类型，城市原住民族儿童开端项目与保留地原住民族儿童开端项目，为6岁或以下原住民族幼儿的学前教育提供服务，主要内容包括入学准备工作、基本民族语言教育、卫生健康习惯教育、父母参与工作、社会支持等服务；由政府提供经费支持，原住民族非营利性机构负责具体执行落实。

2. 民族普遍教育公共政策

加拿大的普遍教育包括基础教育和中等教育。其一，文化保存计划。该计划旨在提升民族学生的多元民族文化教育水平。实施形式多样，主要内容是要求学校安排固定时间，对民族学生进行民族传统文化教育，从而增加所有学生与教师对多元民族文化的理解与接纳。例如，加拿大许多华人社区的当地学校设置有华文教育课程，有意愿的学生每天可以接受30分钟的华文教育，增加中国文化方面的基础知识。其二，反种族主义教育。从积极推行多元文化主义政策过程可以看出，加拿大政府采取许多积极的措施去弥补历史上所产生的过失。如制定系统法律保障原住民族的教育基本权利等，同时在经济等方面进行补偿。但是由于加拿大原住民族本身文化自觉程度较低，当前加拿大社会的种族歧视并没有完全根除。这也成为加拿大政府将反种族主义教育提升到国家层面的主要依据。具体而言，通过各层级各类型的教育，全面开展反种族歧视教育，肃清教育领域中存在的种族歧视现象与相关内容，如对原住民族的歧视态度以及课程中的文化歧视内容等，从而激发少数民族群体的文化自觉，促进全社会公民对多元民族文化的认同。

3. 民族高等教育公共政策

联邦政府联合省级政府教育机构通过建立社区学院、招生倾斜政策等，向原住民族地区与民族学生倾斜教育资源，帮助他们顺利接受并完成高等教育。其一，建立社区学院。加拿大政府为了让民族学生在其熟悉的环境中接受高等教育，实施建立社区学院计划。社区学院主要培养民族学生适应当地经济文化发展需要的技能和知识。开设的主要课程有职业技术类课程与大学基础理论课程，前者目的十分明确，即满足那些毕业即就业的学生；后者则是为那些有继续深造意向的学生开设。典型性的社区学院有极光学院、育空学院、北极学院等。社区学院的入学要求较低，推行开放式入学制度，年满17岁的原住民族学生均可以申请入读。以"职业培训"为办学宗旨，因此开设了多种学科的职业教育与培训，有针对性地提升原住民族学生的就业能力，以适应当地劳动力市场的发展需要。其二，招生倾斜政策。加拿大政府制定倾斜性政策，增加民族学生的教育机会；并且制定有相关原住民族学生就业优先权的政策。高校招生政策对原住民族学生的入学门槛较低。如维多利亚大学，对于未能达到大学入学标准的原住民族学生，可以通过倾斜政策，让他们获得入学资格。大学招生委员会可以综合衡量民族学生受教育经历以及相关资格证明，如土著居民组织提供的可以证明其能完成大学学业的证明等，从而确定申请者是否具有入学资格。当然优先考虑民族学生并不意味毫无原则的优待，同时制定有严格的审查程序，也限制了一定的申请名额。

三 民族教育行政职能机构

依据宪法，加拿大各省教育自治。联邦政府并没有设置专门的教育主管机构，联邦政府的主要职责是管理、监督原住民族的教育以及对专门教育、职业教育与高等教育等提供经费支持。加拿大有13个联邦级行政区（10个省、3个地区），各行政区设有教育厅，并划分不同学区，学区又设有教育委员会。各行政区均制定有各自的教育方针，教育领域事务是地方政府行政工作的主要事务，形成了联邦政府主导、省级政府管理与实施的行政执行机构系统。这一模式在发展民族教育过程中得以充分体现，依法行政，有效贯彻民族教育法律与公共政策。

联邦政府的主导职能。加拿大联邦政府的主导作用主要通过两种方式实现。其一，采取制定法律手段，即对地方政府的教育监督权、评估权等制定具体的法规，以此主导全国教育的发展方向。其二，采取经济手段，即对教育领域增加经费投入，拓展各类间接资助计划，使联邦政府资助成为各级教育发展不可缺乏的经费来源，从而实现其主导功能。同时设置专门管理民族事务的机构"土著事务及北方发展部"，它的一项主要任务就是提供经费支持，保证所有原住民族公民都能享有其他公民同等的教育机会与权利。

省级政府的管理与执行职能。加拿大各省教育完全自治，均设置有教育部及教育部部长，根据所在区域的客观情况，既可以制定教育发展战略，规划教育财政预算等；也可以负责师资力量的分配，确定各层次教育年限，制定师资招聘标准等。涉及全国性教育领域的合作交流事务，则主要由各省的教育部部长进行协调控制。较低层面的教育事务，则由学校董事会具体负责落实。加拿大实施普惠性教育，教育机构多是公立性质，其运营管理主要依靠联邦政府及省级政府的财政支持，其中省级政府发挥至关重要的作用，对教育的支持经费约占国民总收入的5.4%。并且省级政府通过资助，加强对地方教育的管理，例如，在教学规划、课程设置、学校纪律以及教育评价等许多方面具有指导作用。安大略省政府是其中的典范，自20世纪90年代它就利用加大对发展教育的资助力度，增强政府对学区教育的管理与控制。

学校董事会的辅助执行职能。加拿大各行政区又划分不同学区，通过选举产生学校董事会具体负责学区的管理。根据宪法，学区不具有行政区划地位，因此，学校董事会只具有辅助执行政策等职能；承担联邦及省级政府相关教育举措的具体实施。尽管如此，学校董事会在学校教育方面的作用也不容忽视，它在制定学校经费预算、学校校长的聘用、师资管理以及课程规划等方面仍发挥重要作用；同时，由于学区还拥有对校舍的持有权，因此学校董事会对校舍的运营管理具有相对高的权力。

四 多元化主体参与机制

除了行政职能机构主导、管理民族教育事务外，加拿大整个社会都对民族教育予以高度关注，形成了多元化主体参与机制，使民族教育成为真正的公益事业。许多社会机构及非政府组织设立专门帮助原住民族学生的经费支持项目，对民族教育发展起着不可替代的重要作用。其中，学校与家庭是参与民族教育发展的主要实体。

学校民族教育具有集中性与系统性的特点。由于政府鼓励并资助进行多元文化研究与教学，因此大部分学校推行多元文化教育计划。编写教材内容方面，主张让学生根据自己的实际体验理解民族文化内涵；要求将各民族描述为加拿大社会不可分割的组成部分；要求设置多元文化内容，促使学生理性分析各民族文化的特性与共性；要理性分析历史与现实问题，使学生认识到各民族文化共同繁荣是加拿大的理想。在课程设置方面，开设各种民族文化艺术课程，组织各种民族语言教学活动，开设多民族文学研究课程等。在教学方面，组织开展民族文化性质的各种活动，促进学生对多元文化的理解；培养他们尊重各民族文化的意识，提升他们欣赏各民族文化的素养。

办学能力强的加拿大高校都积极深入原住民族社区，开展公益教育服务活动，并且建立远程教育平台，提供课程教育。当前加拿大许多高校和原住民族社区建立了较为稳定的协作关系，积极帮助原住民族学生提升学习能力，例如，开设课程与咨询辅导等，同时，呼吁民族社区与学生家庭应该提高对教育重要性的认知。如多伦多大学安大略教育研究院，以提倡教育公平闻名于世。又如加拿大大学联合会，长期关注民族教育的均衡发展，将其作为组织的核心任务。2014年该组织制定了十余项教育方针，旨在保障民族学生享受平等的高等教育机会。其修订的《原住民族教育方针》提出：发挥高等教育在多元文化融合中的积极作用；要求推进大学课程的本土化建设；要求加强各民族学生之间的沟通交流等。

在家庭教育方面，家长们以自身尊重与理解多元文化的行为举止，营造良好的日常生活氛围。家长在小孩的教育方面，可以参与学校的管理活动；成立家长参与委员会，家长拥有充分的话语权。教育行政部门也积极支持家长参与学校董事会的管理活动。以安大略省为例，制定《安大略省学校家长参与政策》，以政策形式确保学生家长有权利参与学校教育决策；成立家长参与办公室，制订家长援助计划，为开展各种家长活动提供经费支持。

五 对我国民族教育立法的借鉴意义

加拿大以多元文化主义为核心理念，构建了较为完备的民族教育法律与公共政策体系，民族教育获得了快速发展。无疑有不少地方值得借鉴学习。其中，学校在民族教育发展中的作用、增加民族教育资金投入、全社会参与支持发展民族教育等，都毋庸置疑。以下主要从四个方面简述加拿大民族教育对我国民族教育立法的借鉴意义。

其一，对文化差异性及文化冲突的认知。应该对加拿大多元文化主义的立法理念予以辩证分析。"在一个多族裔国家里，民族同化是形成国家内聚力与统一价值观的重要因素，所以，建构共同文化与价值观被民族主义者看作是必须实现的三大使命之一。"但加拿大民族教育的发展历程，则证明文化差异性的存在是不可能，也是不必要消除的，加拿大为此也曾付出代价。其实文化的差异性正是文化的本质；恰如所谓文化全球化的本质正是文化多样性一样。一个国家只有一种文化，与地球上只存在一种文化，同样是一件不敢想象的事情。文化的差异性并不一定造成文化之间的冲突，塞缪尔·亨廷顿认为文化的差异性和不可调和性的观点，显然在当前加拿大成为反例；其实纵观中外历史，这样的例子数不胜数。并且，采取强硬的同化策略只会适得其反。"结果往往会把他们推向'他者'，不断地异化。在极端的情形下，它还会催生离心力极强的族裔民族主义，使民族国家陷入分裂的危机，影响到它的文化安全。"我国作为一个多民族国家，1988年费孝通先生提出的"中华民族多元一体格局"思想，发展至今逐步完善，成为我国包括民族教育在内的民族研究的指导思想。但是，我国同时强调"一体"地位的重要性，费孝通先生曾表明"我将把中华民族这个词用来指现在中国疆域里具有民族认同的十一亿人民"。可见，我国"多元一体"思想与西方多元文化主义有着明显的区别。第一，我国的"多元"是建立在尊重各民族文化基础之上的认同，而非加拿大对少数民族文化的"弱势认同"。第二，我国强调各民族是一个互为依存的不可分割的整体。习近平总书记在2014年中央民族工作会议暨国务院第六次全国民族团结进步表彰大会上指出：" 我国历史演进的这个特点，造就了我国各民族在分布上的交错杂居、文化上的兼收并蓄、经济上的相互依存、情感上的相互亲近，形成了你中有我、我中有你，谁也离不开谁的多元一体格局。"这鲜明地表明了我国多元一体的内涵。

其二，以法为纲。这是加拿大民族教育发展过程中最凸显的特点，制定民族教育公共政策、实施资助方案、具体教育教学等各个方面，均以法制为依据，正所谓纲举目张。我国至今没有《民族教育法》，当前发展民族教育的法制依据，主要是相关教育法律、民族法律与政策等，如《教育法》、《民族区域自治法》以及各省或自治区制定的《民族教育条例》等。2002年教育部启动制定"少数民族教育条例"工作，但是过去了16年仍无结果。2010年《国家中长期教育改革和发展规划纲要（2010~2020年）》第九章对民族教育做了专题规划；2015年的《关于加快发展民族教育的决定》将是我国长时间内发展民族教育的指导方针。但是作为纲要性政策，往往存在"原则性、宣示性、规制性等条款多，操作性、实施性、责任性等条款少"的不足。民族教育有其自身的特殊性与规律性，缺乏针对性法规，在这种混合型法规政策系统中，民族教育都不是核心内容。于是容易出现"各行其是"的弊端，如若严重则导致民族教育"一盘散沙"的局面。这是缺乏法治建设，尤其是"民族教育法"缺位的后果。教育是实现各民族文化发展的主要途径，也是实现各民族间理解、尊重以及和谐的主要措施。而发展民族教育必须以法律作为依据与指导，法律的缺乏是我国民族教育发展进程中的最大阻碍。费孝通先生曾表明"如果我们要坚持在中华民族里各民族平等和共同繁荣的原则，那就必须有民族间互助团结的具体措施。这正是我们当前必须探索的课题"。那么可以认为，为民族教育立法，应该是当前摆在首位的亟待我们去做的事情，并且这一点必须成为社会的共识，因为只有健全民族教育法制，才能发展民族教育。

其三，设置专门机构，掌握现实动态，提高执行效力。加拿大民族教育取得的成绩，与加拿大政府设立专职机构，密切掌握现实动态及其高执行效力等有着重要关系。以《多元文化法案》为例，在通过该法案之前，即从1971年提出多元文化主义开始，加拿大联邦政府便委任一位部长负责相关多元文化主义工作，成立多元文化协商委员会，组织和协调多元文化事务；以便于掌握社会动态，直到1988年通过该法案。同时设立专门机构，每年不定期调查现实情况并形成报告，以利于调整多元文化政策，如《多元文化法案》分别在1992年、1996年进行实时调整。各省级政府也是如此，根据社会实际环境的变化，对有关多元文化法案进行适时修改，以适应社会发展。我国民族教育行政管理主要由教育部及民族事务委员会承担。教育部设有民族教育司，相关的省、自治区、直辖市教育厅局或教育委员会下设有民族教育处，组成民族教育行政管理系统；民族事务委员会设有"教育科技司"，相关省（自治区、直辖市）、地区（市、州、盟）和县（市、区、自治县、旗）等设置有民族事务委员会，也对民族教育进行管理，这两套系统无疑为我国民族教育发展提供了有力保障。但是由于两套系统的职责职能互有交叉，不免有时存在各自为政的弊端，以致无法准确、准时掌握民族教育的现实动态，并影响政策的执行效力。其中，道理与民族法、教育法共同成为我国民族教育发展的法制依据的利弊一样。因此，应该在既有的职能机构中，明确分工，各司其职，掌握民族教育发展动态，适时调整政策，确保民族教育发展政策的切实可行。

图书在版编目（CIP）数据

2018年国外教育法治动态／王云龙主编．－－北京：社会科学文献出版社，2019.5
 ISBN 978 - 7 - 5201 - 4659 - 3

Ⅰ.①2… Ⅱ.①王… Ⅲ.①教育法-研究-国外-2018 Ⅳ.①D912.160.4

中国版本图书馆CIP数据核字（2019）第065179号

2018年国外教育法治动态

主　　编／王云龙

出 版 人／谢寿光
责任编辑／高振华
文稿编辑／李　昊

出　　版／社会科学文献出版社·城市和绿色发展分社（010）59367143
　　　　　地址：北京市北三环中路甲29号院华龙大厦　邮编：100029
　　　　　网址：www.ssap.com.cn
发　　行／市场营销中心（010）59367081　59367083
印　　装／三河市龙林印务有限公司

规　　格／开　本：787mm×1092mm　1/16
　　　　　印　张：10　字　数：98千字
版　　次／2019年5月第1版　2019年5月第1次印刷
书　　号／ISBN 978 - 7 - 5201 - 4659 - 3
定　　价／69.00元

本书如有印装质量问题，请与读者服务中心（010-59367028）联系

▲ 版权所有 翻印必究